COURS RAISONNÉ DE LANGUE FRANÇAISE

OUVRAGES COMPLÉMENTAIRES

LE LANGAGE VICIEUX CORRIGÉ

OU

LISTE ALPHABÉTIQUE

DES ERREURS LES PLUS ORDINAIRES DANS LA PRONONCIATION
L'ÉCRITURE ET LA CONSTRUCTION DES PHRASES

PAR

B. JULLIEN

délégué pour l'un des arrondissements de Paris, docteur ès lettres
licencié ès sciences, secrétaire de la Société des méthodes d'enseignement

---

PARIS

LIBRAIRIE DE L. HACHETTE ET Cie

RUE PIERRE-SARRAZIN, N° 14

(Près de l'École de médecine)

1853

COURS RAISONNÉ

DE LANGUE FRANÇAISE

OUVRAGES COMPLÉMENTAIRES

Paris. — Typographie Panckoucke, rue des Poitevins, 8 et 14.

LE
LANGAGE VICIEUX
CORRIGÉ

OU

LISTE ALPHABÉTIQUE

DES FAUTES LES PLUS ORDINAIRES DANS LA PRONONCIATION
L'ÉCRITURE ET LA CONSTRUCTION DES PHRASES

PAR

B. JULLIEN

délégué pour l'un des arrondissements de Paris, docteur ès lettres
licencié ès sciences, secrétaire de la Société des méthodes d'enseignement

PARIS
LIBRAIRIE DE L. HACHETTE ET Cie
RUE PIERRE-SARRAZIN, No 14
(Près de l'École de médecine)

1853

PRÉFACE.

C'est une curieuse étude que celle du langage vicieux dans toutes les langues, et particulièrement en français. Qui voudrait remonter à la source des diverses fautes de langage, et reconnaître par quelles altérations subites ou successives les mots et les phrases ont quelquefois passé pour arriver au point où on les trouve chez ceux qui parlent mal, serait souvent bien étonné des découvertes qu'il ferait dans ce pays peu étudié et peu connu.

Tel n'est pas l'objet que nous nous proposons. Nous indiquerons sans doute, quand l'occasion s'en présentera, quelques-unes de ces origines dont l'histoire est si intéressante; mais, en général, c'est un ouvrage pratique, et non un ouvrage d'érudition, que nous faisons ici. Il y a dans le langage usuel et commun une multitude de mots corrompus ou remplacés mal à propos par d'autres, une quantité de phrases mal construites ou même insensées. Quelle est la correction qu'il y faut faire pour que l'expression devienne irréprochable? C'est là le problème que nous avons voulu résoudre. Il a donc suffi, la plupart du temps, de mettre en regard la faute et son corrigé; et c'est, en effet, ce que l'on trouvera constamment dans ce livre, et ce qui fait que, malgré son peu d'étendue, il contient beaucoup plus de faits qu'aucun de ceux qui ont été publiés jusqu'ici, puisque nous réduisons tous les articles au petit nombre de lignes indispensables à chacun.

Nous ne prétendons pas dire, cependant, que cet ouvrage soit complet; loin de là : on peut assurer qu'il est impossible de faire un recueil de ce genre qui mérite ce titre, car les fautes faites ou à faire sur les mots et les phrases sont véritablement infinies en nombre.

Aujourd'hui principalement que la conversation embrasse tous les sujets et qu'il n'y a presque pas d'homme qui ne soit exposé à employer des mots qu'il n'a jamais vus écrits, il y a plus de cinquante à parier sur cent qu'autant de fois ces mots se produiront, autant de fois ils seront estropiés d'une manière plus ou moins inattendue, presque toujours fort maussade.

C'est une expérience que chacun de nous a pu faire sur soi-même. A qui n'est-il pas arrivé de trouver un jour écrit tel mot qu'il ne connaissait que pour l'avoir entendu, et de redresser par lui-même une idée fausse conçue à l'occasion d'un nom imaginaire? Supposons que, ne connaissant pas le *laque*, vernis de la Chine, nous entendions parler d'un beau *brillant de laque*; nous comprendrons nécessairement un *brillant de lac;* nous nous ferons l'idée d'un éclat semblable à celui des reflets de l'eau d'un bassin; et nous ne corrigerons notre erreur que quand, retrouvant le mot *laque* écrit comme il doit l'être, nous en apprendrons la signification exacte.

Cette erreur ou d'autres analogues se représentent, on peut en être certain, pour tous les mots inconnus dont l'étymologie, l'écriture ou la signification ne sont pas tout d'abord évidentes; et cette observation explique l'immense quantité de fautes de toute sorte que commettent partout ceux dont l'éducation a été négligée.

Quelques-unes de ces fautes se répandent et deviennent communes soit dans la France entière, soit dans quelques provinces ou dans quelques professions.

Ce sont surtout celles-là que nous avons tâché d'atteindre. Elles tendent de plus en plus à corrompre et à dénaturer notre idiome; elles se glissent partout, se répètent, augmentent de crédit et de puissance; et jusqu'ici, malheureusement, on n'a opposé à leur action dissolvante aucune digue solide ou inébranlable.

Il n'y a chez nous, on peut le dire, ni principes généraux de prononciation, ni lois rationnelles pour l'orthographe; si bien que nous ne savons souvent comment prononcer un mot que nous voyons écrit pour la première fois.

L'Académie française est, en fait de langage, la seule autorité reconnue. Il serait bien à désirer que ce corps savant posât lui-même quelques règles de prononciation et d'orthographe, et que, sans sortir de nos habitudes générales, il y conformât sa manière d'écrire les mots français. Malheureusement, l'Académie a jusqu'ici reculé devant cette responsabilité; elle a déclaré plusieurs fois qu'elle constatait l'usage et ne prétendait pas le régler. C'est une modération dont il faudrait assurément la louer, si l'usage n'introduisait pas incessamment chez nous des fautes grossières et honteuses. Mais il n'y a pas d'ignorance grossière, il n'y a pas de sottise absurde que l'usage ne puisse adopter; et l'Académie, donnant, après un certain temps, droit de cité à ces locutions barbares, contribue, par sa complaisance ou son abnégation, à corrompre la langue qu'elle est chargée de maintenir dans sa pureté.

On lit dans la dernière édition de son *Dictionnaire* beaucoup de ces mots ou de ces phrases qui ne sont fondés ni sur l'analogie, ni sur l'étymologie, ni sur les vieilles formes de notre langue, et dont le seul aspect eût fait frissonner nos pères. Nous en avons transcrit quelques exemples; ils prouveront, du moins, que, si l'on n'y prend garde, le *Dictionnaire de l'Académie* pourra, dans un temps donné, être le refuge de beaucoup de mots introduits par l'étourderie ou la présomption, et adoptés par les masses, c'est-à-dire par l'ignorance.

Dans cette conjoncture, quelques auteurs, malheureusement isolés, et avec une autorité bien limitée et trop restreinte, se sont dévoués à recueillir les termes vicieux les plus répandus, afin de prémunir leurs lecteurs contre l'habitude qu'ils en pourraient prendre. Ces ouvrages, dont quelques-uns remontent au milieu du siècle dernier, dont d'autres appartiennent à celui-ci, sont souvent fort estimables; ils constatent ce que nous venons de dire, l'introduction successive de termes que l'on rejetait autrefois avec raison, et pour lesquels l'usage a fait abaisser les barrières qui les écartaient. Il résulte de là que ces ouvrages, déjà anciens, ne sont plus suffisants; qu'il faut, d'une part, les compléter; de l'autre, modifier quelques jugements vrais du temps des auteurs, et devenus faux depuis que les termes qu'ils déclaraient fautifs ont été admis.

Sans doute, un tel ouvrage ne vaudra jamais de bons principes sur la matière ni des règles philosophiques et solidement arrêtées; du moins contribuera-t-il, et c'est ce qu'on peut espérer de mieux, à arrêter la corruption des mots ou des phrases, et à maintenir quelque temps de plus la pureté de notre langue.

Il me reste à dire en quoi cet ouvrage diffère de ceux qui ont paru avant lui sur le même sujet, et le parti qu'on en peut tirer dans l'enseignement. La différence éclate d'abord dans le nombre des articles. Nous ne croyons pas exagérer en disant que ce livre renferme à lui seul plus de fautes indiquées et corrigées que les trois ou quatre ouvrages publiés avant lui n'en contiennent ensemble.

Les *Considérations générales* qui précèdent le dictionnaire de ces mauvaises locutions, et qui classent toutes les fautes en cinq ordres nettement caractérisés, sont encore une partie toute neuve; partout ailleurs, les mauvais mots et les phrases vicieuses sont rangés à la suite les uns des autres, sans qu'on apprenne aux lecteurs que ces fautes ne sont pas de la même nature, et qu'il y a un grand intérêt à les distinguer. Nous avons, pour nous, commencé par l'exposé de ces différences, qui ne laisseront ensuite aucune hésitation, aucune difficulté à nos lecteurs.

Nous avions même pensé à suivre dans la liste de ces fautes l'ordre même des différences que nous signalons entre elles; à mettre d'abord les barbarismes proprement dits, puis les locutions vicieuses, puis les paronymes confondus, puis les solécismes, et enfin les pléonasmes vicieux. Cela nous eût fait cinq dictionnaires. Nous avons craint que, par cette disposition, la recherche des mots ne devînt pénible pour le lecteur, et nous nous sommes contenté d'une seule liste alphabétique, où nous indiquons par des initiales, à propos de chaque article, le genre de fautes dont il s'agit.

La disposition typographique n'est pas moins remarquable. Les mots fautifs étant tous en lettres grasses, quand il y a avec eux quelques mots sur lesquels la faute ne tombe pas, et qui ne sont là que pour compléter la phrase, nous les laissons en petites capitales ordinaires.

Il est d'ailleurs entendu que pour suivre l'ordre alphabétique, nous avons été souvent obligé de rejeter après le mot important ceux qui, dans la locution complète, doivent se trouver avant lui. Ces mots à reporter avant le premier sont mis entre parenthèses.

Enfin, pour ne pas perdre l'avantage de la division systématique que nous avions d'abord voulu suivre, nous reproduisons à la fin du volume, dans une table par ordre de fautes, toutes celles que nous avons précédemment consignées et expliquées dans la liste alphabétique.

Tel est le plan nouveau, à ce qu'il nous semble, et surtout commode, que nous avons suivi, comme devant présenter de nombreux avantages à tous les lecteurs indistinctement.

Mais nous avons eu particulièrement en vue l'utilité des maîtres qui voudraient exercer leurs élèves soit à se reconnaître entre des paronymes donnés, soit à corriger les diverses fautes qu'on aurait laissées dans des phrases faites exprès. Rien n'est assurément plus intéressant et plus utile pour des élèves arrivés à une certaine force, que des devoirs de ce genre. Rien n'est aussi plus facile à composer, grâce surtout à la table des fautes séparées selon leurs espèces.

S'agit-il, par exemple, de faire distinguer des paronymes? Il suffit d'en dicter quelques-uns, pris soit dans la table que nous indiquons, soit dans la liste insérée dans la *Grammaire* (§§ 74, 75, 76), ou partout ailleurs; et les élèves auront à faire sur ces mots un petit article de la nature de ceux qu'on trouve dans notre livre, où ils donneront la définition de chacun.

S'agit-il de fautes à corriger? Il n'y a qu'à composer des phrases où l'on met à la place d'un mot convenable un de ceux que nous signalons comme fautifs. Pour des solécismes, il suffit de changer le genre d'un nom, le nombre d'un adjectif, la personne d'un verbe. Pour une locution vicieuse, comme pour les barbarismes, il suffit de la faire entrer dans une phrase quelconque. Pour la confusion des paronymes, on n'a qu'à mettre l'un à la place de l'autre. La distribution de nos mots en classes particulières selon le genre de fautes auxquelles ils donnent lieu sera pour cela d'autant plus commode qu'il suffira, pour avoir la correction demandée, de chercher le mot donné dans la liste générale; et ainsi les maîtres ont dans ces deux listes la matière de quinze ou dix-huit cents devoirs nouveaux, avec les corrigés. Nous croyons que c'est pour eux, aussi bien que pour leurs élèves, un avantage considérable, qu'ils ne tarderont pas à apprécier comme nous.

LE

LANGAGE VICIEUX

CORRIGÉ.

CONSIDÉRATIONS GÉNÉRALES.

Les fautes qui contribuent à rendre le langage vicieux sont, pour ainsi dire, innombrables; et il est à peu près impossible d'assigner d'avance toutes les façons dont les ignorants pourront violer les règles ou le bon usage.

Cependant, si l'on ne peut énumérer toutes ces fautes, il est facile au moins de les ramener à un certain nombre de classes établies d'après les diverses parties de la grammaire, ou la nature des préceptes auxquels on contrevient.

Ainsi les fautes peuvent tomber sur la *prononciation* des syllabes, s'il y a des lettres (voix ou articulations) qui ne sont pas énoncées comme elles doivent l'être; sur l'*accentuation*, si l'on prononce forte une syllabe faible, ou réciproquement; sur la *quantité*, si l'on allonge une syllabe brève, si on en abrége une longue; sur la *liaison des mots*, si l'on fait entendre devant la voyelle initiale du second une consonne qui ne doit pas y être; sur l'*énonciation des phrases*, si on les accentue de travers, si l'on s'arrête où il ne faut pas s'arrêter, si l'on donne à une interrogation la même chute qu'à une affirmation; sur *l'orthographe*, si dans l'écriture on emploie des lettres que le bon usage n'admet pas, si l'on met sur ces lettres ou auprès d'elles des accents ou des signes qui n'y doivent pas être, ou si l'on oublie ceux qui sont nécessaires; sur la *ponctuation*, si l'on met d'autres signes que ceux que demande le sens précis du discours; sur les *mots eux-mêmes*, si l'on en emploie qui absolument ne soient pas français; sur *l'étymologie*, si l'on s'écarte de l'usage en n'observant pas les règles de dérivation ou de formation convenables; sur la *construction des phrases*, si l'on déplace mal à propos les mots qui y entrent; sur la *syntaxe*, si l'on n'observe pas les règles d'accord et de régimes établies par la coutume; sur les *homonymes* ou *paronymes*, si l'on confond ou qu'on prenne l'un pour l'autre des mots de son très-voisin; enfin, sur *l'élégance* ou la *propriété* des termes, si l'on prend mal à propos des mots à la place desquels le bon usage voudrait un de leurs synonymes.

On reconnaît par cette énumération que l'ordre indiqué ici est précisément celui d'un cours de grammaire philosophique, où l'on s'occuperait d'abord des sons de la voix, puis des lettres, et de l'écriture en général; puis des espèces de mots, puis des familles de ces mots; enfin de leur syntaxe et de l'élégance ou des agréments du style.

Mais, par cela même que cet ordre est si exactement didactique, il n'est peut-être pas le plus avantageux dans la pratique. En effet, il y a plusieurs de ces fautes qui rentrent l'une dans l'autre, ou qui ne changent de nom que selon le point de vue. Que j'écrive et que je prononce un *live* au lieu d'un *livre*, c'est une faute de prononciation d'abord; c'est aussi une faute d'orthographe, puisque le mot est mal écrit; c'est encore un barbarisme, puisque le mot n'est pas français ; c'est de plus une faute contre l'étymologie, puisque l'*r* y est une lettre essentielle. Or, tout le monde avouera qu'une étude si minutieuse sur un mot qui, en définitive, est à rejeter, exigerait un temps et une attention qu'on fera beaucoup mieux de consacrer à des connaissances plus directement utiles.

On a donc cherché, et avec raison, une division plus pratique, et qui permît de réunir sous le même aspect les fautes de même nature, ou qui tombent sur des mots de même ordre, ou qui se retrouvent dans les mêmes occasions, sans qu'on fût obligé de ramener les mêmes quatre ou cinq fois, eu égard aux parties de la grammaire auxquelles la faute pouvait se rapporter.

Ce sont alors les fautes elles-mêmes qu'on a distinguées et classées d'après les caractères qui leur sont propres, et que nous expliquerons tout à l'heure avec détail ; et l'on a ainsi formé des groupes plus ou moins nombreux sous les titres que voici : *Barbarismes proprement dits*, ou *mots barbares ;* — *Locutions vicieuses*, ou *barbarismes de phrases ;* — *Confusion de paronymes*, ou *mots pris pour d'autres ;* — *Solécismes*, ou *fautes contre la construction des phrases et la syntaxe ;* — *Pléonasmes vicieux*, ou *mauvaise répétition des mots*, *emplois des mots inutiles*, etc.

On reconnaîtra par l'usage que si cette division n'est pas absolument complète ; si même elle n'est la plus satisfaisante que l'on pût imaginer quant à la théorie grammaticale, elle est assurément la plus commode : elle atteint les fautes les plus communes, et, en les rangeant sous des caractères distincts et fort aisés à retenir, elle donne en même temps le meilleur moyen de les éviter.

---

§ 1er. BARBARISMES PROPREMENT DITS.

Les barbarismes sont des mots qui ne sont pas français. On sait que les Grecs appelaient *barbares* tous les peuples qui ne parlaient pas leur langue : le *barbarisme* était donc originairement un mot, une locution étrangère à la langue grecque ; l'on a depuis généralisé le sens de ce terme, et nous l'appliquons à toute expression ou toute locution qui n'est pas française.

Les barbarismes peuvent tomber sur le mot lui-même, si l'on prononce ou si l'on écrit un mot qui absolument n'est pas français, comme serait, par exemple, un *cien* pour un *chien*, un *abre* pour un *arbre*, un *tablot* pour un *tableau*; *franchipane* pour *frangipane*; *gigier* au lieu de *gésier*; *airé* au lieu d'*aéré*; *ajamber* au lieu d'*enjamber*; *errhes* pour *arrhes*; *pantomine* pour *pantomime*; *rebiffade* pour *rebuffade*; ce sont autant de barbarismes; on voit que chacun d'eux tombe sur le mot lui-même : on les appelle donc des *barbarismes de mots*, ou *barbarismes proprement dits*, quand on veut les distinguer de toute autre faute.

Quelques-uns de ces barbarismes se forment par une mauvaise dérivation des mots ; ils ne sont pas moins condamnables que les précédents. Celui qui, ayant appris les temps primitifs de *rendre*, *rendant*, *rendu*, je *rends*, je *rendis*, conjuguerait de même *prendre*, *prendant*, *prendu*, je *prends*, je *prendis*, se tromperait dans les participes et dans le prétérit simple de l'indicatif. Il conjuguerait d'une manière barbare.

Celui qui, voyant que *régir* forme un *régisseur*, *brunir* un *brunisseur*, etc., croirait que *courir* forme un *courisseur* et *acquérir* un *acquérisseur*, ferait des barbarismes dans la dérivation des mots.

Les barbarismes peuvent exister dans la prononciation ou dans l'orthographe : écrire un *haître* pour un *hêtre; plère* pour *plaire; j'ai u* pour j'*ai eu;* c'est faire des barbarismes dont l'oreille ne nous avertit point, et qu'on range plus souvent parmi les fautes d'orthographe. Il faut les éviter avec le même soin que les barbarismes de prononciation.

On trouvera des barbarismes de ces différentes sortes dans la liste qui suit. Il sera intéressant d'y remarquer la connexion singulière qui existe entre les barbarismes de prononciation et les fautes d'orthographe : on verra que très-souvent ces fautes honteuses et qui influent avec une si déplorable énergie sur la corruption de la langue, dépendent de ce que des mots mal entendus ont été depuis mal écrits, comme de ce que des mots mal écrits ont été par suite mal prononcés.

---

§ 2. LOCUTIONS VICIEUSES.

Les *locutions vicieuses* ou les *barbarismes de phrases* consistent dans l'emploi ou la réunion des mots qui ne peuvent absolument marcher ensemble. Ces barbarismes viennent souvent d'une confusion de paronymes, de mots mal entendus ou répétés de travers, de termes employés contre le bon usage, et qui forment des locutions tout à fait fautives dans notre langue.

Combien de personnes disent de quelqu'un qui rejette leur demande à une époque éloignée ou incertaine : « Il m'a renvoyé au *calendrier grec.* » C'est un barbarisme de phrase; il faut dire aux *calendes grecques.* En effet, les *calendes,* qui étaient le premier jour du mois chez les Romains, n'existaient pas chez les Grecs; renvoyer aux *calendes grecques*, c'est donc renvoyer à ce qui n'est pas, comme nous disons chez nous : renvoyer à *la semaine des quatre jeudis*, au *trente-six du mois*, etc. Le *calendrier grec* ne signifie rien du tout.

Remarquez bien qu'ici ce ne sont pas les mots qui sont barbares; ce seraient des barbarismes proprement dits. Ce ne sont pas, non plus, la construction ni la syntaxe : car nous rentrerions dans les solécismes. C'est la réunion, l'accouplement des mots, qui, en effet, ne peuvent pas marcher ensemble; le barbarisme tombe donc exactement sur la phrase, sur la locution; et c'est ce que signifie précisément le nom qu'on leur donne qui doit les faire bien distinguer des barbarismes de mots.

On remarque facilement que ces barbarismes appartiennent à une théorie plus élevée et sont plus difficiles à corriger que les précédents. Ceux-ci, en effet, consistent dans l'emploi de mots qui absolument ne sont pas français; par conséquent, le *Dictionnaire de l'Académie* peut être pris comme le régulateur suprême à cet égard; et quand il a prononcé, il n'y a plus de doute sur la qualité du mot employé.

Ici c'est autre chose : les mots sont presque tous français; mais la réunion qu'on en forme est-elle bonne ou mauvaise? Le goût, l'usage sont ici plus puissants que les règles de la grammaire; aussi plusieurs grammairiens ont ils déclaré fautives des expressions qui sont, au contraire, très-bonnes; et, réciproquement, ils ont donné comme bonnes des expressions qui sont souvent fautives.

Il serait assurément utile et curieux d'énumérer exactement les espèces auxquelles on peut rapporter les barbarismes de phrases : on verrait que ces fautes passent par tous les degrés possibles, depuis les plus légères jusqu'aux plus graves; et que les premières consistent souvent dans une figure jugée peu convenable en un moment donné, tandis que les autres contrarient les habitudes les plus générales de notre langue.

Comme nous avons pour objet ici les fautes véritables et réelles, nous parlerons surtout des barbarismes de phrases un peu importants. Nous nous contenterons de citer quelques-uns des autres dans la liste qui va suivre. Montrons d'abord qu'il y en a de plusieurs sortes et qu'on ne doit pas confondre :

1°. C'est un barbarisme considérable quand on emploie quelque mot, quelque réunion ou combinaison de mots dans un sens qu'ils n'ont pas.

Nous lisons dans une traduction de Platon : « Je puis te donner *de suite* le remède. » C'est *tout de suite* qu'il faudrait ; *de suite* signifie *consécutivement :* Réciter cent vers *de suite*. *Tout de suite* veut dire *aussitôt*.

Fiévée dit dans sa *Dot de Suzette :* « Elle me *demande excuse* de s'habiller devant moi. » On *demande pardon* et on *fait ses excuses*. *Demander excuse* est une locution vicieuse.

2°. Il y a des mots qui ne peuvent pas marcher ensemble, sans qu'il y ait pour cela d'autre raison, sinon que ce n'est pas l'usage. Par exemple, on ne dit pas *plus bon :* ainsi, *plus bon* est un barbarisme. Il en est de même de *en conséquent*, de *par conséquence*, et de beaucoup d'autres mots.

Le pronom *celui*, par exemple, demande à être toujours suivi de la préposition *de* ou d'un conjonctif, *qui*, *que*, *dont*. Quand M. Berryer père dit dans ses *Souvenirs :* « Balancier plus conservateur que *celui actuel* du favoritisme, » il fait un barbarisme de phrase.

M. de Lamartine dit encore, dans son *Voyage en Orient :* « En *multipliant* cette scène et cette vue *par* cinq ou six cents *maisons* semblables.... » On ne multiplie que par un nombre : *multiplier* quelque chose *par des maisons* n'est pas français.

3°. C'est encore une grosse faute, et presque toujours un barbarisme formel, que d'employer d'une manière absolue des mots qui ne sont que corrélatifs, ou de changer, de renverser la relation qu'ils expriment.

M. Quinet écrit dans son roman d'*Ahasvérus* : « Si vous saviez où mène votre longue route, plutôt que de la commencer vous resteriez sur *le seuil.* » Le *seuil* de quoi? cela n'est pas dit : on est forcé d'entendre le *seuil de la route;* mais *seuil* ne se dit que d'une porte.

M. de Lamartine dit dans son poëme de *la Chute d'un ange :*

> Heureux qui peut l'entendre en ces heures où Dieu
> Le rend *contemporain* et présent en tout lieu.

Contemporain de qui? ou de quoi? On est le contemporain de quelqu'un; on n'est pas contemporain en général et absolument.

On trouvera dans la liste suivante des exemples de ceux de ces barbarismes qui se produisent le plus souvent, soit par l'inattention de ceux qui parlent, soit par la mauvaise habitude qu'ils en ont prise avec ceux qui parlent mal. Il y en a sans doute une multitude d'autres; nous ne pouvons que recommander de les éviter avec le plus grand soin.

---

§ 3. CONFUSION DES PARONYMES.

On entend par *homonymes* les mots qui se prononcent de la même manière, quoique signifiant des choses différentes, comme *saint* et *ceint*, *sainte* et la ville de *Saintes*.

On appelle *paronymes* les mots dont la prononciation, sans être absolument la même, est assez voisine pour que l'on soit exposé à les confondre, comme *belle* et *bêle*, dont la différence consiste dans le son bref ou long de la voyelle *e*.

Les homonymes et les paronymes sont dans toutes les langues, et particulièrement en français, une occasion de fautes aussi grossières que multipliées, pour ceux qui n'y font pas attention. Ils rendent justement ridicules ceux qui les confondent, et contribuent plus que toute autre chose à la corruption des langues par la confusion qu'ils amènent des mots essentiellement différents.

La confusion des homonymes exacts n'est pas ordinairement sensible dans le langage; elle entraîne seulement des fautes d'orthographe qu'on peut appeler honteuses. Celui qui écrirait qu'un roi a *saint la couronne*, au lieu de *ceint*, ou qu'un homme est *sensé avoir rempli un devoir*, au lieu de *censé*, serait justement regardé comme ignorant les premiers principes de sa langue, et donnerait de lui la plus mauvaise idée.

Mais les fautes les plus graves faites à l'occasion des mots semblables sont, sans comparaison, celles que fait commettre l'ignorance du son et du sens de ces mots. Il est incroyable à quel excès des personnes, même instruites, peuvent quelquefois se laisser aller dans ce genre. Nous en donnerons des exemples curieux, et l'on verra qu'il n'y a pas de sottise absurde où l'on ne puisse être conduit quand on ne fait pas une rigoureuse attention à ce que l'on va prononcer.

Il n'est pas hors de propos, à ce sujet, de rappeler que tous les livres où sont recueillis et expliqués les homonymes ou paronymes ne sont pas également sûrs. Il arrive souvent que ceux qui veulent, à cet égard, instruire les autres, auraient besoin de s'instruire d'abord eux-mêmes. Il suffira, pour prouver cette vérité, de transcrire ici ce paragraphe d'un ouvrage qui a eu beaucoup de succès : « *Émersion, immersion.* — *Émersion,* action d'une planète qui sort des nuages; *immersion,* action d'une planète dont la lumière s'éteint dans les nuages. » — Je ne relève pas cette impropriété de termes qui fait appeler *action* le passage d'une planète derrière des nuages; mais si l'on veut ouvrir le *Dictionnaire de l'Académie* aux mots *émersion* et *immersion,* on verra que les définitions données ici sont fantastiques, que les nuages ne sont pour rien du tout, ni dans l'émersion, ni dans l'immersion. Ce dernier mot se rapporte d'abord à *immerger;* il se dit au propre d'un corps qu'on enfonce tout entier dans un liquide, et qui y disparaît. Le mot *émersion,* s'il s'employait dans le sens propre, signifierait le mouvement contraire, celui d'un corps qui sort d'un liquide. Par analogie on a employé ces deux mots en astronomie, pour représenter la disparition d'une planète derrière une autre, et sa réapparition quand elle n'est plus cachée derrière un corps opaque. Ainsi, l'*immersion* des satellites de Jupiter a lieu quand ils disparaissent derrière leur planète; et leur *émersion,* lorsque, sortant de derrière cette planète, ils redeviennent visibles à nos yeux. Quant aux nuages, il est trop évident que ce sont eux qui viennent s'interposer entre nous et la planète et la dérober à notre vue, pour qu'on puisse attribuer ce phénomène au mouvement de l'astre: aussi n'a-t-on jamais dit l'*immersion* d'une planète dans un nuage, pas plus qu'on ne dit l'*immersion de la lune* ou l'*émersion du soleil,* lorsque les nuages nous les cachent ou les laissent reparaître : en un mot, *émersion* et *immersion* sont des termes d'astronomie, et l'astronomie n'a pas à s'occuper des nuages.

Cette faute considérable, et je pourrais en citer d'autres qui ne le sont pas moins, montre combien on risque de s'égarer en suivant un guide infidèle ou insuffisant.

Nous n'avons à faire ici la critique de personne ; mais nous engageons tous ceux qui veulent acquérir une instruction solide à apporter le plus grand soin dans le choix des ouvrages qui doivent leur servir de guides.

---

§ 4. SOLÉCISMES.

On appelle *solécismes* les fautes contre l'accord ou le régime des mots. Si deux mots doivent s'accorder et qu'on ne les accorde pas, c'est un *solécisme d'accord*, ou une *discordance :* telle serait l'expression *un joli bergère*, puisque *bergère* étant du féminin, les adjectifs *un* et *joli* doivent être du même genre.

Il y a *solécisme de régime* quand on donne à un mot un complément qu'il ne peut recevoir. Ainsi *digne* demande la préposition *de* devant son complément : *digne d'un prix.* Ce serait un solécisme de régime d'employer la préposition *pour*, et de dire *digne pour un prix.*

Ces deux espèces de solécismes se subdivisent ensuite en plusieurs autres : par exemple, le solécisme d'accord peut tomber sur le *genre* quand on fait accorder un masculin avec un féminin, ou réciproquement. Celui qui dit *de la belle ouvrage, un petit impasse*, fait un solécisme.

Il y a solécisme dans le *nombre* quand on met le singulier pour le pluriel, soit qu'on rapporte ainsi l'un à l'autre deux mots de nombre différent, soit que l'un des deux exigeant nécessairement l'un de ces nombres pour le déterminer, on mette l'autre mal à propos. Les paysans qui disent *j'avons, j'étions*, tombent dans ce vice de langage, puisqu'ils accouplent un sujet singulier et un verbe pluriel.

Il y a solécisme dans la *personne* quand le verbe ne s'accorde pas avec le pronom son sujet. Celui qui écrit *tu aime* sans *s*, ou *il faisais*, ou *ils faisions*, donne des exemples de cette faute.

C'est encore un solécisme d'accord quand on exprime un rapport entre des mots qui, grammaticalement, ne peuvent se rapporter l'un à l'autre. Ainsi : « Pensant *mal* de tout le monde, je n'*en* dis de personne, » n'est pas une phrase correcte ; *en* est un mot relatif invariable qui signifie *de cela*. Il ne peut se rapporter qu'à un substantif ou à une proposition complète, et ici il se rapporte à *mal*, qui est pris adverbialement dans la première phrase. Il fallait mettre : « Pensant *du mal* de tout le monde, je n'*en* dis de personne. »

Des temps de verbes qui se contrarient, forment encore un solécisme d'accord assez commun chez les écrivains négligés, et qui dépend plus du défaut de logique que des règles de la syntaxe.

Les *solécismes de régime* ne sont pas moins variés que les solécismes d'accord ; ils consistent surtout en ce qu'on a employé à tort une forme de nos mots variables, qu'on a retranché une préposition nécessaire, ajouté une préposition inutile, mis une préposition pour une autre, fait des fautes semblables sur les conjonctions, et admis un mode d'un verbe quand la syntaxe en demandait un autre. Exemple : « Donnez-lui tout ce *qu'il a besoin;* » *avoir besoin* ne peut régir *que*. La phrase est donc fautive.

Le livre à mon frère, pour *le livre de mon frère; habile à la musique*, pour *habile dans la musique; curieux pour voir*, au lieu de *curieux de voir*, nous donnent des exemples de prépositions mises pour d'autres, et, par conséquent, de solécismes de régime.

C'est encore une faute de régime de donner à un mot un complément qu'il ne peut avoir. « *J'aime davantage* le vin *que* la bière » en offre un exemple. *Davantage*, depuis bien longtemps, ne sert plus pour premier terme d'une comparaison quand le second est exprimé. Il fallait dire *j'aime plus*.

Le juste emploi des modes et des temps de nos verbes est une des difficultés de notre langue. Les écrivains, même habiles, tombent souvent, à ce sujet, dans des fautes grossières, c'est-à-dire qu'ils font sans y penser de lourds solécismes; il en sera donné des exemples curieux.

Outre ces fautes, qui sont des solécismes formels, il y en a d'autres encore qui, bien qu'elles ne dépendent pas de la violation d'une règle absolue, ne sont pas moins considérables eu égard à l'ensemble de la phrase : ce sont les mauvaises inversions, les constructions embarrassées, équivoques, obscures, dans lesquelles le mot n'est pas vicieux lui-même; la phrase l'est assurément au plus haut degré. Telle est, par exemple, la locution : *Une bonne santé je vous souhaite*, au lieu de *je vous souhaite une bonne santé; cette salle peut cent personnes*, au lieu de *peut contenir cent personnes.* Il y a dans le premier exemple une inversion, dans le second une ellipse, ou retranchement que rien ne justifie; ce sont des fautes de construction très-grossières.

Nous n'avons pas de nom générique pour cette espèce de faute, et nous la désignons par le terme de *phrase vicieuse*, *phrase mal construite*, ou par le nom même du vice qu'on y remarque, tel que *mauvaise inversion*, *mauvaise ellipse*, *ambiguïté*, *obscurité*, *équivoque*.

Pour ne pas multiplier inutilement les divisions, nous mettrons ensemble ces fautes et les solécismes, puisqu'ils ont tous pour caractère commun de gâter la phrase, en tant que phrase; tandis que les fautes contenues dans les sections précédentes tombaient, ou sur les mots eux-mêmes, ou sur les associations de mots formant une expression particulière à la langue française.

§ 5. PLÉONASMES VICIEUX.

Le *pléonasme* consiste à ajouter dans la phrase quelque mot qui n'est pas nécessaire au sens, qui fait même double emploi avec un autre, comme quand on dit : *Qu'est-ce que cela me fait à moi?* Il est visible que *à moi* n'a pas d'autre sens que *me* placé devant *fait;* c'est un *pléonasme*.

Le pléonasme fait quelquefois un bon effet, comme dans la phrase citée ici, où il augmente la force de l'expression. Alors c'est une figure de construction qu'il peut être intéressant d'étudier, et dont les poëtes et les orateurs nous donnent de très-beaux exemples.

Mais, la plupart du temps, il n'ajoute aucune énergie à la phrase; il est alors tout à fait inutile, et c'est un vice d'élocution qu'il faut éviter avec le plus grand soin.

Nous avons réuni ici quelques exemples de ceux qui se rencontrent le plus souvent dans la conversation ou dans le langage écrit. On verra que presque tous sont au moins fastidieux, et méritent qu'on les évite avec beaucoup de soin; toutefois, il y en a quelques-uns qui sont plus tolérables que les autres, et qui sont en effet admis dans le langage négligé.

Quant à la forme de ces pléonasmes, il est assez difficile d'établir des classes bien nettes. Quelques-uns consistent en ce que l'on réunit plusieurs mots qui, rentrant l'un dans l'autre, ne signifient pas plus qu'un seul ; comme quand on dit : une *tempête orageuse*, *assez suffisant*, *donc par conséquent*, etc. Pour d'autres le sens est moins évidemment le même; et pourtant on sent que le même sens est exprimé deux fois, comme dans : *ils se sont entre-regardés l'un l'autre*, ou *nous nous sommes entretenus réciproquement*; il est visible que la réciprocité exprimée par l'adverbe l'était déjà par le verbe *s'entretenir*, et que c'est un double emploi tout à fait blâmable.

Ailleurs, ce sont des expressions de rapports, c'est-à-dire des prépositions ou des conjonctions qui sont redoublées mal à propos, comme dans *c'est à vous à qui je parle*, *c'est de lui dont je me plains*. Ces pléonasmes sont de vrais solécismes.

Il y en a aussi qui consistent à déterminer une négation plus qu'il ne convient, comme *je n'ai pas rien fait*, *vous n'avez point rencontré personne*, etc., tandis qu'ailleurs, comme dans *on n'a jamais vu personne*, *aucun auteur n'a rien écrit de semblable*, les deux mots qui déterminent la négation ne sont point surabondants.

Enfin, d'autres pléonasmes plus délicats et plus imperceptibles que les précédents, mais qui ne sont pas moins fâcheux, consistent dans le mauvais choix ou l'emploi mal motivé des adjectifs déterminatifs : comme *j'ai mal à ma tête*. Ici l'adjectif possessif *ma* exprime une relation de possession qu'on juge, avec raison, superflue, puisque celui qui souffre de la tête ne peut avoir mal qu'à la sienne. Le bon langage exige donc qu'on n'emploie pas ici l'adjectif possessif.

Cette faute, remarquée depuis longtemps par les grammairiens, n'est pas la seule de ce genre. Celui qui dit : *j'ai une fièvre* au lieu de *j'ai la fièvre, j'ai le rhumatisme* au lieu de *j'ai un rhumatisme*, tombe, quoiqu'on ne l'ait pas remarqué jusqu'à ce jour, dans ce même défaut du pléonasme vicieux. Pourquoi cela? Parce que, comme je l'expliquerai, ces adjectifs apportent à notre esprit une idée de trop, laquelle se trouve ensuite en contradiction avec le mot qu'ils accompagnent.

Je n'ai pas besoin de dire que cette partie de l'étude de la grammaire est déjà fort abstraite, et qu'elle ne peut convenir qu'aux maîtres ou aux élèves avancés, et qui savent bien tout ce qui précède. C'est la distinction que nous avons eue à faire jusqu'à présent dans toute la théorie et dans les applications de la grammaire, où nous avons trouvé une partie élémentaire, en quelque sorte matérielle, et à la portée de toutes les intelligences; et une autre beaucoup plus abstraite, que les esprits plus avancés pouvaient seuls étudier avec fruit. Notre travail sur les fautes du langage eût été nécessairement incomplet, si nous n'y avions pas aussi retrouvé ces différences.

LISTE ALPHABÉTIQUE

DES FAUTES LES PLUS ORDINAIRES

DANS LA PRONONCIATION, L'ÉCRITURE OU LA CONSTRUCTION DES PHRASES.

NOTA. Les différentes espèces de fautes sont désignées, dans le texte des articles, savoir : les barbarismes proprement dits, par la lettre *B.*; les locutions vicieuses ou barbarismes de phrases, par *L. v.*; les paronymes, par les lettres *Par.*; les solécismes, par *Sol.*; les pléonasmes vicieux, par *Pl.*

A

A répété mal à propos : *Ce n'est qu'à sa mère à qui je dois parler.* (J.-B. Rousseau.) *C'est à sa table à qui l'on rend visite.* (Molière.) *C'est à vous à qui je veux parler.* (Boileau.) *Pl. v.* ou *Sol.* — On reconnaît dans ces vers deux rapports d'attribution ; c'était assez d'un, et la correction grammaticale voulait : *C'est sa mère, c'est sa table, c'est vous à qui...;* ou bien : *C'est à sa mère, c'est à sa table, c'est à vous que....*

A et **OÙ**, *Pl. v. Est-ce à la ville où vous allez? c'est à Paris où vous demeurez*, etc.; dites : *Est-ce à la ville, c'est à Paris que...*, ou bien *est-ce la ville, c'est Paris où.*

A AUJOURD'HUI (ON A REMIS L'AFFAIRE), *Pl. v.* L'Académie admet cette expression; mais elle n'est pas bonne : *à* ne peut pas se placer élégamment devant *au*, qui en est composé. Il faudrait dire : *On a remis l'affaire au jour d'hui* (en séparant les éléments), ou *à ce jour, à ce jour-ci*, si l'on craint une équivoque. Voy. JUSQU'AUJOURD'HUI.

A MON PÈRE (LA MAISON), *Sol.* La possession après un substantif s'exprime par *de* et non pas par *à*. Dites : *La maison de mon père*, et non pas *la maison à mon père.*

A RIEN FAIRE (IL EST TOUJOURS, ON LE VOIT SOUVENT), *Sol.* Dites : *à ne rien faire*, ou *sans rien faire.*

A LANGUI ET MÊME TOMBÉ (LE COMMERCE) SOUS SON ADMINISTRATION, *Sol.* Dites : *Le commerce a langui, il* *est même tombé*, etc. Le verbe *avoir* ne peut se sous-entendre avec *tombé*.

ABAJOUE ou **ABAT-JOUE.** Partie de la tête du cochon qui s'étend depuis l'œil jusqu'à la mâchoire, *B*. Dites *la bajoue*.

ABIMER UNE ROBE, UN CHAPEAU. Dites plutôt *froisser, salir, gâter* une robe, un chapeau. Il ne faut pas croire toutefois qu'*abîmer une robe* soit un barbarisme, c'est seulement une expression trop forte et qui n'est pas justifiée par la chose dont il s'agit.

ACABIT (POIRES D'**UNE BONNE**), *Sol.* Dites *d'un bon acabit*. Ce mot est du masculin.

ACCULÉS (DES SOULIERS), *B*. Dites des souliers *éculés*.

AÉROMÈTRE, s. m., **ARÉOMÈTRE**, s. m., *Par.* L'*aéromètre* est un instrument pour mesurer la condensation ou la dilatation de l'air; l'*aréomètre* ou *pèse-liqueur* est un instrument pour déterminer la densité des liquides.

AFFILER, v., **EFFILER**, v., *Par. Affiler*, c'est donner le fil au tranchant d'un couteau; *effiler*, c'est défaire un tissu fil à fil.

AGES (ON N'EST PAS HEUREUX **A NOS**), *Sol*. Dites : On n'est pas heureux *à notre âge*, et non pas *à nos âges*, quoique les âges puissent être fort différents. Le pluriel n'est pas usité dans cette locution.

AGIOGRAPHE, *B*. Celui qui écrit la vie des saints. Écrivez *hagiographe*.

AGIR (**EN**), *L. v. Il en a bien* ou *mal agi envers* ou *avec moi*. Dites : *Il a bien* ou *mal agi*, ou *il en a bien* ou *mal usé*. On ne dit pas *agir de quelque chose*.

AGONISER QUELQU'UN, *L. v. Agoniser*, c'est être à l'agonie. Ne dites pas *il l'a agonisé d'injures*, mais *il l'a accablé*.

AIDES (JE CONNAIS LES), *L. v.* ou barbarisme ridicule. Il faut dire *je connais les êtres*.

AIGLEDON, *B*. Duvet très-fin et très-léger; c'est *édredon* qu'il faut dire.

AINSI PAR CONSÉQUENT, *Pl. v*. Dites *ainsi* ou *par conséquent*. Un de ces termes suffit.

AIR, s. m., **AIRE**, s. f., **ÈRE**, s. f., **ERRE**, s. f. et v., *Par.* L'*air* est ce fluide au sein duquel nous vivons; une *aire* est une surface plane sur laquelle on bat le grain; en géométrie, c'est une surface surtout en ce sens qu'elle peut être mesurée. Une *ère* est une époque à partir de laquelle on compte les années : l'*ère chrétienne ;* — *erre* est l'impératif du verbe *errer ;* c'est aussi un substantif féminin signifiant *marche, allure : suivre les erres de quelqu'un*. On voit combien il importe de ne pas confondre ces différents mots.

AIR (ALLER GRAND), *L. v.* Aller vite, aller bon train. Dites *aller grand' erre*. *Erre* est un nom féminin qui signifie *train, allure*. Pour *grand'*, Voy. GRAND.

AIRE, s. f. Voyez AIR.

AIRÉ, *B.* Qui a de l'air, exposé à l'air. Dites *aéré :* un lieu bien *aéré*, une chambre bien *aérée*.

AJAMBER UN RUISSEAU, *B.* Dites *enjamber*.

A LA NOIX (CRESSON), *L. v.* Dites *cresson alénois*.

ALARGIR, *B.* Rendre plus large. Dites *élargir : élargir* un corset, une manche de robe.

ALEVIN, s. m. Voy. LEVAIN.

ALENTOUR DE LA VILLE, *L. v.* Dites *autour de la ville*. *Alentour* ne prend pas de complément.

ALLÉ (JE ME **SUIS EN**), *Sol.* Dites je *m'en suis allé*, tu *t'en es allé*, etc., car le mot relatif *en* se met toujours devant l'auxiliaire et non devant le participe : *Je m'en suis repenti, je m'en suis souvenu*.

ALLER (J'AI PLUSIEURS **ENDROITS A**), *Sol.* Dites : *J'ai à aller dans plusieurs endroits. Aller* ne peut régir le complément direct *plusieurs endroits*.

ALLOCATION, s. f., **ALLOCUTION**, s. f., *Par. Allocation* se dit, en terme de finances, d'une somme qu'on alloue; l'*allocution* est un discours adressé par un général à ses soldats, par un maître à ses élèves, etc.

ALLOCUTION, s. f. Voy. ALLOCATION.

ALLUMER DE LA LUMIÈRE, *Pl. v.* Dites *allumer une bougie*, une *chandelle*, ou *donner, apporter de la lumière*.

ALLURÉ (C'EST UN JEUNE HOMME BIEN), *B.* C'est-à-dire qui a de l'allure, qui va bien. Dites qu'il est bien *dégourdi*.

AMADOUE, *B.* Écrivez sans *e* à la fin et faites ce mot du masculin : *du bon amadou*.

AMASSER, v., **RAMASSER**, v., *Par. Amasser*, c'est mettre en tas, en amas : *amasser de l'argent ;* — *ramasser*, c'est prendre à terre ce qu'on a laissé tomber : *j'ai ramassé mon gant*, et non pas *j'ai amassé mon gant*.

AMENDE (SERGE D'), *L. v.* Étoffe de laine qui se fabrique à Mende. Dites *serge de Mende*.

AMNISTIE, s. f., **ARMISTICE**, s. m., *Par.* L'*amnistie* est l'oubli des crimes commis contre l'État; l'*armistice* est une suspension d'armes.

ANCHE, s. f., **HANCHE**, s. f., *Par.* La *hanche* est la partie du corps humain où la cuisse s'emboîte dans le tronc; une *anche* est une lame de roseau que l'on presse entre les lèvres en soufflant dans le bec auquel elle s'adapte, et dont les vibrations déterminent le son musical dans le hautbois, le basson, la clarinette et autres instruments du même genre.

ÂNE, s. m., **ANNE**, s. f., *Par.* L'*âne* est une bête de somme bien connue; l'*â* doit être prononcé long et fermé. — *Anne* est un nom de femme; l'*a* doit y être ouvert et bref comme dans *Suzanne*, dont l'orthographe est la même. C'est par une confusion très-fâcheuse, qu'on s'est habitué à prononcer *sainte Anne* comme *saint Âne.*

ANGELUS (SONNER **LES**), *B.* Dites *sonner l'Angelus;* dire l'*Angelus.* Ce mot ne se prend pas au pluriel.

ANGOISES, *B.* Chagrin, serrement de cœur. Il faut dire *angoisses.*

ANGOLA, s. m., **ANGORA**, s. m. *Par. Angola* est un royaume d'Afrique; *Angora* est une ville de l'Asie Mineure d'où sont venus les chats et les lapins dont le poil est soyeux, et qu'on nomme des *angoras*, et non pas des *angolas.*

ANGORA, s. m. Voy. ANGOLA.

ANNE, s. f. Voy. ANE.

ANOBLIR, v., **ENNOBLIR**, v., *Par. Anoblir,* c'est conférer un titre de noblesse, créer quelqu'un comte ou baron, etc.; *ennoblir,* c'est donner de l'éclat, rendre plus distingué, plus illustre. La vertu *ennoblit* un homme, on s'*anoblit* quelquefois à prix d'argent.

ANORMAL, LE, *B.* C'est une situation *anormale.* Dites *anomale.* — L'adjectif *normal* est français, il vient du latin *normalis*, qui veut dire *fait à l'équerre*, *à la règle*, *régulier.* On dit, en conséquence, qu'une situation est *normale* quand elle est régulière; mais *anormal* est un barbarisme, car il est formé de la lettre *a*, qui n'a un sens privatif qu'en grec, et qu'on place ici devant un mot qui n'est pas grec du tout. Le véritable mot est *anomal;* il est tiré immédiatement du grec, et signifie *qui ne ressemble à rien*, *qui n'a aucune analogie.* C'est un sens à peu près équivalent, et c'est pour cela qu'à cause de la ressemblance du son, de prétendus beaux parleurs ont forgé ce barbarisme *anormal;* mais le substantif *anomalie* ne permet pas de s'y tromper.

APAROI (L'). Dites *la paroi*, *une paroi*.

APOINTER UNE BOULE, *L. v.* Dites *pointer*.

APOINTEUR (UN BON), *B.* Dites un bon *pointeur*.

APPARUTION, *B.* Dites *apparition*.

APPRENTISSE (UNE), *B.* Dites une *apprentie*. Le masculin est un *apprenti*, qui ne saurait former son féminin en *isse*.

APRÈS LA PORTE (LA CLEF EST), *L. v.* Dites est *à la porte*; dites de même *il est à lire* et non *il est après à lire*.

APURER, V., **ÉPURER**, V., *Par. Apurer* est un terme de finances : *Apurer un compte*, c'est s'assurer que toutes les parties en sont exactes et que le comptable doit en être déclaré quitte; *épurer*, c'est rendre pur, au physique et au moral.

ARCHE DE TRIOMPHE, *L. v.* Dites *un arc de triomphe*.

ARÉCHAL (FIL D'), *B.* Dites *fil d'archal*.

ARÉOLE, s. f., **AURÉOLE**, s. f., *Par.* L'*aréole* est une petite aire, une petite surface ; l'*auréole* est ce cercle lumineux, cette gloire dont on entoure la tête des saints.

ARÉOLITHE, *B.* Pierre qui tombe de l'air. Dites un *aérolithe*.

ARÉOMÈTRE, s. m. Voy. AÉROMÈTRE.

ARÉONAUTE, *B.* Homme ou femme qui voyage dans l'air, c'est-à-dire en ballon. Dites *aéronaute*, m. et f.

ARGOT, s. m., **ERGOT**, s. m., **ERGO**, adv., *Par.* L'*argot* est un langage particulier aux gens de certains états vils, comme les gueux et les filous de toute espèce. Obligés de s'entendre entre eux sans être compris des gens honnêtes qui les approchent, ils conviennent du sens de certains mots qui reviennent fréquemment dans leur conversation, et se font ainsi une langue inintelligible pour tout autre. — L'*ergot* est une espèce d'ongle pointu qui vient derrière le pied de quelques animaux. — *Ergo* est un mot latin qui signifie *donc*, et dont on se sert dans le langage familier pour conclure un raisonnement.

ARGUILLON, *B.* Pointe de métal servant à fixer la courroie qu'on passe dans une boucle. C'est un barbarisme : il faut dire *un ardillon*.

ARICOT, *B.* Écrivez *haricot* et aspirez l'*h*.

ARJOLET, *B.* Petit bouton qui vient aux paupières. Dites *orgelet*, c'est-à-dire grain d'orge, à cause de sa forme. — Voy. ORGUEILLEUX.

ARMISTICE, s. m. Voy. AMNISTIE.

ARPENT, s. m., **EMPAN**, s. m., *Par.* L'*arpent* est une mesure agraire qui vaut cent perches carrées anciennes, environ un demi-hectare; l'*empan* est la longueur que l'on peut atteindre avec les doigts les plus écartés l'un de l'autre, c'est-à-dire environ deux décimètres.

ARQUEBUSADE, s. f., **ARQUEBUSE**, s. f., *Par.* L'*arquebuse* est une arme à feu ; l'*arquebusade* est un coup d'arquebuse. Il faut dire *eau d'arquebusade*, c'est-à-dire une eau composée pour guérir les blessures faites par un coup de feu, et non *eau d'arquebuse*, comme si cette arme exigeait l'emploi d'une eau particulière.

ARQUEBUSE (**EAU D'**), *L. v.* Voy. ARQUEBUSADE.

ARRIÈRE-GRAND-PÈRE, *L. v.* Dites *bisaïeul*. On peut dire *arrière-petit-fils*, parce que les fils et petits-fils viennent après le père ; mais le grand-père venant avant et le bisaïeul avant le grand-père, on voit que ce mot forme non-seulement un barbarisme, mais un contre-sens.

ASPIC, s. m. Voy. SPIC.

ASSASSIN (**COMMETTRE UN**), *L. v.* Pour assassiner, tuer en trahison. Dites commettre un *assassinat*.

ASSASSINEUR, *B.* Celui qui assassine. Dites un *assassin*.

ASSEZ SATISFAISANT (SON TRAVAIL EST), *Pl.* J'en suis *assez satisfait*. Dites *est satisfaisant*, *j'en suis satisfait*. — Le mot *satis*, qui commence ces mots, est un adverbe latin qui signifie *assez ; satisfaire* signifie donc proprement *faire assez*, et *assez satisfaisant*, *faisant assez assez*. C'est évidemment un mauvais pléonasme.

ASSEZ SUFFISANTES (CES PREUVES SONT), *Pl.* Dites *suffisantes* ou *assez fortes*.

AUTANT POUR LUI COMME POUR MOI, *Pl. v.* Dites *autant que pour moi. Autant* indique l'égalité ; il n'est pas nécessaire de l'indiquer de nouveau par *comme*.

ASSIS-TOI, *B.* Dites *assieds-toi*.

ASSOMTION (L') DE LA SAINTE VIERGE, *B.* Écrivez et prononcez l'*assomption*, en faisant sentir le *p* comme dans *consomption*, *présomption*. Le *p* ne se prononçait pas autrefois dans ces mots ; de là vient l'habitude conservée par quelques-uns de ne le pas faire sonner.

ASSURER QUELQU'UN QUE, *Sol.* Dites *assurer à quelqu'un que*, etc. *Assurer quelqu'un* pour *lui affirmer une chose* est un solécisme. On dit bien *tu m'assures, je t'assure, on nous assure, je vous assure*, etc.; mais ici *me, te, nous, vous*, sont compléments indirects; à la troisième personne on dirait *je lui assure, je leur ai assuré*, etc.

ASTÉRIQUE, *B.* Petite étoile indiquant un renvoi dans un livre. Dites un *astérisque*.

ATMOSPHÈRE (L') **EST PUR**, *Sol.* Dites *est pure. Atmosphère* est du féminin.

ATÔME, *B.* Écrivez et prononcez *un atome*, comme dans cette épigramme de Piron :

Rousseau de Genève est un fou,
Rousseau de Paris un grand homme,
Rousseau de Toulouse un *atome*.

ATOUT (IL A REÇU UN FAMEUX), *L. v.* C'est-à-dire un fameux coup. Ce mot n'est pas français dans ce sens, quoiqu'il soit employé dans le langage populaire : l'*atout* est, aux jeux de cartes, une carte de la même couleur que la *retourne*, qui emporte toutes les autres, et qui, par conséquent, *a tout*. Il n'y a donc aucune analogie entre cette expression et ce que l'on veut dire; elle ne peut avoir été introduite que par une de ces confusions nombreuses et détestables qui déshonorent et corrompent notre langue.

AUBAN, s. m., **AUTAN**, s. m., **AUVENT**, s. m., **HAUBANS**, s. m., *Par.* L'*auban* est un droit sur les boutiques; l'*autan*, le vent du midi; un *auvent*, un toit ou une saillie servant d'abri; les *haubans* sont les gros cordages attachés à la tête des mâts et qui les soutiennent contre la force des vents.

AUJORD'HUI, *B.* Dites *aujourd'hui*, c'est-à-dire *au jour d'hui*. Si l'on n'avait pas pris l'habitude de réunir les éléments de ce mot, il n'y aurait aucun doute sur sa prononciation.

AUPARAVANT LUI, *Sol.* Dites *avant lui. Auparavant* ne prend pas de complément.

AUPARAVANT DE PARTIR, *Sol.* Dites *avant de partir.*

AUPRÈS DE. Voy. PRÈS DE.

AURÉOLE, s. f. Voy. ARÉOLE.

AUREZ BESOIN (JE DONNERAI **CE QUE VOUS**), *Sol.* *Avoir besoin* exige la préposition *de : J'ai besoin d'un habit.* Les mots relatifs *en* et *dont* sont bien régis par ce verbe : *J'en ai besoin*, je vous donnerai *tout ce dont vous aurez besoin.* Tout ce *que vous aurez besoin* est un grossier solécisme.

AUSSI (JE NE L'AI PAS FAIT), *L. v.* Dites *je ne l'ai pas* *fait non plus*. Dans le sens de *également*, *pareillement*, on emploie *aussi* dans les propositions affirmatives, et *non plus* dans les propositions négatives. *Aussi* entre dans les phrases négatives, avec le sens de *en conséquence*, et alors il se met au commencement : *Vous l'aviez défendu, aussi je ne l'ai pas fait*.

AUSSITOT VOUS (IL EST PARTI), *L. v.* Dites *il est parti aussitôt que vous* et non *aussitôt vous*; *aussitôt après* votre départ et non pas *aussitôt votre départ*. *Aussitôt* ne prend pas de complément immédiat.

AUTAN, s. m. Voy. AUBAN.

AUTOGRAPHE, adj. Voy. OLOGRAPHE.

AUTREFOIS (VOUS N'ÉCRIVEZ PAS SI BIEN QUE **LES**), *L. v.* Écrivez *autres fois* en deux mots. *Autrefois*, dans le sens adverbial, ne peut être précédé de l'article.

AUVENT, s. m. Voy. AUBAN.

AVALANGE, *B.* Chute de neige durcie qui se détache en grandes masses du sommet des montagnes. Ce mot, usité autrefois, ne l'est plus aujourd'hui : on dit une *avalanche*.

AVALOIR (UN), *B.* Grand gosier. Dites *une belle avaloire*. Ce mot est du style familier.

AVANT, **DEVANT**, *Par.* Ces deux prépositions expriment toutes les deux une idée d'antériorité; mais *avant* exprime un sens plus général, il se rapporte surtout au temps, et *devant* a rapport au lieu, à la situation : Il est arrivé *avant* vous; les hommes sont égaux *devant* Dieu.

AVEUGLEMENT, s. m., **AVEUGLÉMENT**, adv., *Par.* Ce dernier est adverbe, il vient d'*aveuglé*; l'autre est substantif : il signifie, mais seulement au figuré, l'état de celui qui ne voit pas.

AVEUGLÉMENT, adv. Voy. AVEUGLEMENT.

AVOIR, impersonnel. *Il n'y a qu'à pleuvoir*, mauvaise expression. On dirait très-bien : *Il n'y a qu'à faire une croix*, *il n'y a qu'à sauter*, etc. Tous ces mots indiquant une action ou une qualité applicable au sujet *il* et possédée par lui, le verbe *il y a* s'emploie fort bien; mais l'idée d'*avoir* s'accorde mal avec un verbe impersonnel comme *pleuvoir*, *neiger*, *falloir*, etc. Dites donc *s'il vient à pleuvoir*, *à neiger*, etc.

AVOIR, auxiliaire. *J'ai été* deux fois à Paris et *vu* toute la cour (Molière, *la Comtesse d'Escarbagnas*), *L. v.* On ne peut pas placer ainsi l'auxiliaire *avoir* devant deux verbes d'un sens si différent, il faut le répéter devant le second : *J'ai été à Paris et j'ai vu*; quoiqu'on pût ne le mettre qu'une fois devant deux verbes transitifs directs, comme *j'ai vu votre père et reçu ses conseils.*

B

BABICHES (LES), *B.* La partie de la barbe qui s'étend des oreilles au menton. Le vrai nom est *barbiches* ; mais ce mot n'est pas admis dans le Dictionnaire de l'Académie : il faut dire les *favoris.*

BABINES, BABOUINE, *Par.* Les *babines* sont des lèvres ; ce mot se dit surtout de celles de quelques animaux : *un singe qui remue les babines.* — *Babouine* est le féminin de *babouin.* Le *babouin* est proprement une espèce de gros singe ; on applique ce nom à un jeune garçon badin et étourdi, et on appelle *babouine* une petite fille du même caractère.

BABOUCHE. Voy. BAMBOCHE.

BABOUINE. Voy. BABINES.

BACCHANAL (QUEL) ! *B.* Pour quel grand bruit, quelle orgie bruyante ! Dites : *Quelle bacchanale !* Ce nom vient des fêtes de Bacchus, qui se nommaient ainsi et se célébraient avec beaucoup de désordre.

BAFRÉE, s. f., *B.* Terme populaire et peu relevé pour dire un repas abondant. Dites la *bâfre.*

BAGUE D'OREILLE, *L. v.* Dites une *boucle d'oreille*, un *pendant d'oreille.*

BAIGNOIR (UN), *B.* Le vase où l'on se baigne. Dites *une baignoire.*

BAILLER, v., **BÂILLER**, v., *Par. Bailler* (*a* ouvert et bref), v. a., donner, livrer, par convention ou par bail : *bailler des fonds.* — *Vous me la baillez belle*, expression proverbiale, pour dire *vous m'en faites accroire.* — *Bâiller* (*â* fermé et long), v. n., ouvrir involontairement la bouche par ennui, lassitude ou envie de dormir. Ne confondez pas ces deux mots, ni dans l'écriture ni dans la prononciation.

BÂILLER. Voy. BAILLER.

BÂILLER, v., **BAYER**, v., *Par. Bâiller*, c'est ouvrir involontairement la bouche par ennui, lassitude ou envie de dormir ; *bayer*, c'est regarder en tenant la bouche ouverte : il faut donc dire *bayer aux corneilles* et non *bâiller.*

BAILLEUR, BÂILLEUR, *Par. Bâilleur*, celui qui donne à bail, qui prête : un *bailleur de fonds*, celui qui les avance.

Prononcez l'*a* bref. Le *bâilleur* est celui qui bâille fréquemment, soit par habitude, soit par indisposition.

BALAI, s. m., **BALAIS**, **BALLET**, s. m., *Par*. Le *balai* est l'instrument qui sert à balayer; *balais* est un adjectif masculin qui ne s'applique qu'à une espèce de rubis : un *rubis balais;* le *ballet* est une pièce de théâtre où l'action et les divers sentiments sont exprimés par la danse.

BALAIS. Voy. BALAI.

BALANT (ÊTRE SUR LE), *B*. Mot mal prononcé et mal écrit : il faut dire *être en balance*, c'est-à-dire en suspens, hésiter sur ce qu'on veut faire.

BALLET. Voy. BALAI.

BALYER, v., *B*. Nettoyer avec le balai. Dites *balayer*.

BAMBOCHE (IL EST EN). Dites *il est en débauche*. *Bamboche* signifie proprement une grande marionnette; on a pris le même mot pour signifier des parties de plaisir immodérées, dans cette phrase populaire, *faire ses bamboches*, que l'Académie admet aujourd'hui (probablement pour *faire ses débauches*). N'étendons ce mot qu'à une locution qui n'est pas usitée.

BAMBOCHE, **BABOUCHE**, *Par*. Une *bamboche*, s. f., est une marionnette, un pantin; les *babouches*, s. f., sont des pantoufles particulières qui nous sont venues du Levant. Dites donc : *Donne-moi mes babouches*, et non mes *bamboches*.

BANDE, s. f., **BARDE**, s. f., *Par*. La *bande* est une sorte de lien plat et large dont on enveloppe ou on serre quelque chose; la *barde* est une ancienne armure faite de lames de fer pour couvrir le poitrail et les flancs du cheval. Par analogie, on a nommé *barde de lard*, et non pas *bande de lard*, comme quelques personnes le disent mal à propos, une tranche de lard fort mince dont on enveloppe les chapons, gelinottes, cailles, etc., au lieu de les larder.

BARACAN, s. m., *B*. Espèce de gros camelot. Dites *bouracan* : une veste de *bouracan*.

BARBOUILLON, s. m., *B*. Mauvais peintre. Dites un *barbouilleur*.

BARC (PASSER LE). Dites *passer le bac*. C'est une sorte de bateau large et plat pour passer une rivière.

BARDE. Voy. BANDE.

BARONNERIE, s. f., *B*. Titre d'un baron ou l'étendue des terres sur lesquelles s'étendait sa juridiction. Dites *baronnie*.

BASELIC, s. m., *B*. Sorte de plante. Dites *basilic*.

BASER, **BASÉ**, *B*. Sur quoi vous *basez*-vous? ce raisonnement est *basé* sur le principe que.... Dites *fonder, appuyer*. Le mot *baser* n'est pas français, et il a absolument le même sens que *fonder*.

BASILIC, s. m., **BASILIQUE**, s. f., *Par*. Le *basilic* est une plante annuelle, et dans la Bible un serpent monstrueux. Une *basilique* était primitivement un palais de roi; aujourd'hui, c'est une église principale et magnifique.

BASILIQUE. Voy. BASILIC.

BASSE (CETTE FEMME EST **ASSISE TROP**), *L. v.* Dites *trop bas*. L'adjectif *bas* est ici pris adverbialement; il s'applique au lieu et non à la personne.

BASSINE, s. f., **BASSINOIRE**, s. f., *Par*. La *bassine* est un vase profond, dans lequel on fait des confitures, etc.; la *bassinoire* est une bassine avec un couvercle percé de trous, où l'on met du feu pour chauffer un lit.

BASSINOIRE. Voy. BASSINE.

BASTE (LA) d'un habit, *B*. Dites *la basque*.

BATTURE, s. f., *B*. Querelle où il y a eu de grands coups donnés. Dites *une batterie*.

BAYER. Voy. BÂILLER.

BECFI, s. m., *B*. Petit oiseau que l'on voit souvent becqueter les figues. Dites *un becfigue*.

BÉCHÉE, s. f., *B*. Ce qu'un oiseau prend avec son bec pour donner à ses petits. Dites *une becquée*.

BÈGE (LINGE), *B*. Tirant sur le jaune. Dites *linge bis*.

BÉGUENAUDER, v., *B*. S'amuser à des riens. Dites *baguenauder*. — Le substantif est *baguenaudier*, et non pas *baguenaudeur*; et il se confond ainsi avec le nom de l'arbre qui produit les baguenaudes.

BÉGUER, v., *B*. Dites *bégayer*. Parler en répétant ses syllabes, comme les bègues.

BELSAMINE, s. f., *B*. Écrivez et prononcez *balsamine*.

BERDOUILLER, v., *B*. Écrivez et prononcez *bredouiller*.

BERGÈRE, s. f. Petit oiseau. *L. v.* Dites *bergeronnette*.

BERLAN, s. m., *B*. Jeu de cartes; et au pluriel, lieu où l'on joue aux jeux de hasard, maison de jeu. Dites *brelan*.

BERLANDIER, s. m. Celui qui hante les brelans, joueur de profession. Dites *brelandier*.

BERLOQUE, s. f., *B*. Bijou ou curiosité de peu de valeur. Dites *une breloque*, *des breloques*.

BERTRELLES (DES), *B*. Dites *des bretelles*.

BESOIN (AVOIR DE). Solécisme inexcusable. Dites *avoir besoin*. *J'en ai de besoin*, *tout ce que vous aurez de besoin*, sont des locutions très-vicieuses qui ne sont en usage que chez ceux qui ignorent absolument le français.

BÊTE, s. f., **BETTE**, s. f., *Par.* *Bête* est le nom générique de tous les animaux, l'homme excepté; la *bette* est une plante potagère. La prononciation de ces mots diffère autant que leur écriture.

BETTE. Voy. BÊTE.

BISE, s. f., **BRISE**, s. f., *Par.* La *bise* est un vent froid et sec qui vient du nord-est. La *brise* est un vent frais qui souffle le soir sur les côtes de la mer.

BLAGUER, v., *B.* Dire des blagues, c'est-à-dire faire des plaisanteries de mauvais goût, se moquer de quelqu'un, hâbler, craquer. Ce mot est tiré du mot *blague*, qui signifie au propre un petit sachet de toile ou de peau où les fumeurs mettent leur tabac. On a pris ce mot, plus tard, dans le sens de moquerie, plaisanterie, bourde, qui n'est pas admis par l'Académie, et de ce dernier sens on a tiré *blaguer*, qui n'est ni français, ni, surtout, de bon ton.

BLAGUEUR, s. m., *B.* Celui qui blague. Dites : un plaisant, un railleur, et quelquefois même un menteur.

BLANCHIRIE, s. f., *B.* Lieu où l'on blanchit le linge. Dites *blanchisserie*.

BLEU, **DIEU**, *Par.* Nous ne réunissons ici ces deux paronymes que pour rendre compte de quelques formules anciennes de jurement ou de colère : *morbleu*, *corbleu*, *sambleu*, *ventrebleu*, *vertubleu*; ces mots sont pour la *mort-Dieu*, le *corps-Dieu*, le *sang-Dieu*, le *ventre-Dieu*, la *vertu-Dieu*. L'emploi de ces formules étant, avec raison, accusé d'irrévérence, on a voulu, si l'on ne pouvait en faire perdre absolument l'habitude, en modifier au moins la syllabe la plus importante. On a dit d'abord *morbieu*, *corbieu*, et puis *morbleu*, *corbleu*.

BLEUSE, *B.* Féminin de *bleu*. Dites *bleue*.

BLEUSIR, v. *B.* Devenir bleu. Dites *bleuir*.

BOIRE, **EMBOIRE**, *Par.* *S'emboire* est un terme de peinture; il se dit d'un tableau dont les couleurs deviennent mates et ne se discernent pas. *Ce tableau s'emboit*, *ces couleurs s'emboivent*. — Quand on parle du papier mal collé, que l'encre traverse, il faut dire *ce papier boit* et non *s'emboit*.

BON MARCHÉ. Locution signifiant un prix avantageux.

Dites *acheter, vendre à bon marché*; et non pas *acheter bon marché*; la préposition est nécessaire.

BONNE HEURE (IL EST VENU A), *L. v.* Dites : Il est *venu de bonne heure*, pour *venu tôt*, et non pas *venu à bonne heure*. Au contraire, on dit *à la bonne heure* pour marquer que l'on consent à quelque chose.

BONNETTE, s. f., *B.* Coiffe de nuit. Dites *un bonnet de nuit*.

BLOCAILLE, s. f., **ROCAILLE**, s. f., *Par.* On appelle *blocaille* ou *blocage*, de menus moellons, de petites pierres qui servent à remplir les vides dans un ouvrage de maçonnerie. On nomme *rocaille* des cailloux qui servent à orner une grotte en imitant le roc.

BORBORISME, s. m., *B.* Bruit causé dans les intestins par des gaz qui s'y développent. Ce mot, usité autrefois, ne l'est plus. On dit *borborygme*, conformément à l'étymologie du mot grec d'où il est tiré, et qui signifie *murmure*.

BORNES ET LIMITES, *Pl.* Newton a reculé *les bornes et les limites* de la physique. Dites *les bornes de la physique*, ou *les limites de la physique*.

BOSSELER, v., **BOSSUER**, v., *Par. Bossuer* de l'argenterie, c'est y faire des bosses en la laissant tomber; *bosseler*, c'est travailler l'argenterie en bosse. Ne confondez pas ces mots qui ont un sens contraire.

BOSSUER. Voy. BOSSELER.

BOULICHE, s. f., **BOURRICHE**, s. f., **POULICHE**, s. f., *Par.* Une *bouliche* est un vase dont on se sert dans les vaisseaux; mais ce mot n'est pas admis par l'Académie. Une *bourriche* est un panier long pour envoyer du gibier, du poisson, des huîtres. Une *pouliche* est une jeune cavale.

BOUDINOIR (UN), *B.* Entonnoir pour faire du boudin. Dites *une boudinière*.

BOUFFER, v., *B.* Manger avec excès. Dites *bâfrer*.

BOUILLE (LE CAFÉ), *B.* Dites : *Le café bout, le sang me bout* dans les veines, etc.

BOUILLU, *B.* Participe de *Bouillir*. Dites *bouilli* : des *châtaignes bouillies* et non *bouillues*.

BOUIS, s. m., *B.* Ce mot, employé autrefois, n'est plus usité. On écrit et on prononce *buis*.

BOULVARI, s. m., *B.* Dites *hourvari*.

BOURRÉE, s. f., **BROUÉE**, s. f., *Par.* La *bourrée* désigne un fagot de menu bois : *un feu de bourrée*. C'est aussi une danse champêtre et l'air de cette danse : *danser la bourrée.* La *brouée* est un brouillard, une bruine : *la brouée tombe.*

BOURRICHE. Voy. BOULICHE.

BRASSE-CORPS (PRENDRE QUELQU'UN A), *L. v.* Dites : le prendre *à bras-le-corps.*

BRETONNE (CET ARBRE), *B.* Dites *qu'il boutonne.*

BRIGNON, s. m., *B.* Sorte de pêche plus petite, moins juteuse et d'une couleur plus brune que la pêche ordinaire. C'est un *brugnon* qu'il faut dire.

BRILLANT ÉCLAT (UN), *Pl.* Tout éclat est brillant.

BRISE. Voy. BISE.

BRODURE (LA) d'une robe, d'un bonnet, *B.* Dites *la broderie.*

BROUÉE. Voy. BOURRÉE.

BROUILLASSE (IL), *B.* Dites *il bruine.* Le verbe *brouillasser*, s'il était français, ne signifierait rien de plus que *brouiller*, ce qui n'est pas la même chose que *faire du brouillard.*

BRUSSE (IL), *B.* Dites *il bruine.*

BRUT, TE, est un adjectif dont le féminin *brute* se prend substantivement : *une brute*, c'est-à-dire *une bête farouche.* Mais le masculin ne doit pas prendre l'*e* muet, et Voltaire a fait un solécisme en nous appelant *les brutes ouvrages de la Divinité.*

BUCHE DE BOIS, *Pl.* Dites *une bûche.* La bûche est naturellement de bois ; c'est lorsqu'elle est d'une autre matière qu'on doit la désigner : *une bûche de charbon de terre, de coke, de terre cuite.*

BUÉE, s. f. Ancien mot français, aujourd'hui inusité. Dites *la lessive.*

BUFFETRIES, s. f., *B.* Tout ce qui, dans l'équipement, est fait d'une peau préparée à la manière de la peau de buffle. Dites *buffleteries.*

BUSC, s. m., **BUSQUE**, v., **BUSTE**, s. m., *Par.* Le *busc* est une espèce de lame d'ivoire, de bois, de baleine ou d'acier, qui sert à maintenir le devant d'un corps de jupe, d'un corset ; *busque* est un temps du verbe *busquer*, mettre un busc. Un *buste* est un ouvrage de sculpture représentant la tête, le cou, le haut de la poitrine et les épaules d'une personne. Dites donc le *buste* et non pas le *busque* du président.

BUT (**REMPLIR SON**), *L. v.* On dit *atteindre un but, atteindre son but*, et non pas *remplir son but.*

BUYANDERIE, *B.* Lieu où l'on fait la *buée* (Voy. ce mot), c'est-à-dire la lessive. Dites *buanderie.*

C

ÇA (**COMME**). Pléonasme aussi mauvais qu'il est insignifiant, et que beaucoup de personnes emploient dans le langage pour se donner le temps de chercher et de trouver ce qu'elles ont à dire : *Il a dit, comme ça, que vous veniez.... J'ai fait, comme ça, plusieurs traités...,* etc. Ces mots n'ont aucun sens; retranchez-les donc absolument; ils ne font que gâter et dégrader le langage. — Voy. COMME.

CACAPHONIE, s. f., *B.* Mauvais sons, mots ou phrases d'une prononciation dure et désagréable. Dites *cacophonie.*

CADAVRE INANIMÉ (UN), *Pl.* Dites *un cadavre.* Tout cadavre est inanimé.

CAFÉIÈRE, s. f., **CAFETIÈRE**, s. f., *Par.* Une *caféière* est un endroit planté de cafiers ou arbres qui portent le café. Une *cafetière* est un pot pour faire ou pour mettre le café que l'on va servir.

CAFETIÈRE. Voy. CAFÉIÈRE.

CAFFARD, s. m., *L. v.* Insecte hideux qui se tient ordinairement dans la farine et qui s'en nourrit. Dites *une blatte.*

CAHOTEMENT, s. m., *B.* Dites *cahot.*

CALENDRIER GREC (IL M'A RENVOYÉ AU), *L. v.* Dites *aux calendes grecques.* — Voy. ci-dessus, p. 5.

CALFATER. Voy. CALFEUTRER.

CALFEUTRER, v., **CALFATER**, v., *Par. Calfeutrer,* c'est boucher les fentes d'une porte, d'une fenêtre, soit avec du feutre, soit autrement; *calfater,* qui n'est peut-être qu'une corruption de *calfeutrer*, est un terme de marine : il signifie remplir de force les jointures des bordages avec une étoupe grossière qui, par son élasticité, empêche l'introduction d'une grande quantité d'eau dans le navire.

CALMANDRE, *B.* Sorte d'étoffe de laine. Dites *calmande : un habit de calmande.*

CALVI, CALVINE (POMME), *B.* Dites *pomme calville* ou *de calville.*

CAMBUIS, *B.* Écrivez et prononcez *cambouis.*

CAMPOT (ON NOUS A DONNÉ), *B.* Écrivez *campos.* C'est un mot latin qui signifie *les champs.* Il désigne le congé qu'on donne à des écoliers, à qui l'on permet ainsi de courir les champs. On l'applique dans le sens familier à tous les congés : *Nous avons campos aujourd'hui.*

CANAUX, s. m., **CANOTS**, s. m., *Par. Canaux*, pluriel de *canal*, doit s'écrire par *aux*. Un *canot* est une sorte de petite embarcation à voiles et à rames ; il fait au pluriel *canots*.

CANE, s. f., **CANNE**, s. f., *Par.* La *cane* est la femelle du canard : *œuf de cane, cane sauvage.* La *canne* est le nom de diverses plantes analogues au roseau, et, par suite, le bâton sur lequel on s'appuie en marchant.

CANEÇONS, s. m., *B.* Sorte de culotte de toile ou de coton. Dites *caleçons*. Ce mot s'emploie surtout au pluriel.

CANNE. Voy. CANE.

CANOTS. Voy. CANAUX.

CAPABLE, adj. Ce mot ne se dit des choses que dans le sens de la capacité physique, de la contenance matérielle : *Une salle capable de contenir cinquante personnes.* Dans les autres sens il ne se dit que des personnes. Ainsi ne dites pas : *un propos capable de nuire*, mais *un propos qui peut nuire*, ou *susceptible de nuire.*

CAPOT, adj., **CAPOTE**, s. f., *Par. Capot* est un adjectif des deux genres ; il s'applique au joueur (homme ou femme) qui, dans une partie, n'a fait aucune levée : *cet homme est capot, cette femme est capot.* Une *capote* est un manteau de soldat, une coiffure de femme, etc. Gardez-vous donc bien de dire qu'aux jeux de cartes, une femme est *capote*.

CAPOTE. Voy. CAPOT.

CAPRIOLE (FAIRE LA), *B.* Ce mot, conforme à l'étymologie latine (*capra*, qui veut dire *chèvre*), était usité autrefois ; il ne l'est plus aujourd'hui. Il faut dire *cabriole*.

CAPUCHE, s. m., *B.* Dites *capuce* ou *capuchon*.

CAR EN EFFET, *Pl.* Dites seulement *car*, ou bien *en effet*; les deux mots signifient la même chose.

CARATS ou **KARATS** (**A TRENTE-SIX**), *L. v.* Cette expression, et quelques autres employées pour exprimer une qualité poussée très-haut, est un barbarisme et un non-sens. Le *carat*, qui était primitivement un petit poids, a été employé pour exprimer la pureté de l'or. Dans ce sens, il veut dire *un vingt-quatrième.* De l'or à vingt-deux carats est celui où il y a deux vingt-quatrièmes d'alliage ; il n'y en a plus qu'un dans l'or à vingt-trois carats ; enfin, l'or à vingt-quatre carats est l'or parfaitement pur. Par une assimilation naturelle, on dit de quelqu'un qu'il est bête, qu'il est pédant à vingt-deux, à vingt-trois carats, comme La Fontaine a écrit : « Quoique ignorante *à vingt et trois carats.* » Mais, dès qu'on dépasse vingt-quatre carats, l'expression n'a plus aucune espèce de sens, et il est absurde de l'employer.

CARNIER, s. m. Sac où l'on met le gibier que l'on a tué. Dites *carnassière*, s. f. — Il faut cependant remarquer sur ces deux mots que le premier est aussi bien composé et aussi juste que l'autre l'est peu. Le latin *caro*, *carnis*, d'où nous avons tiré notre mot *chair*, nous a donné aussi anciennement le mot *carne* (Voy. Roquefort, *Glossaire de la langue romane*), que nous retrouvons encore dans *carnage*, *charnel*, etc. Or, le *carnier* est essentiellement le sac où l'on met la *carne* (la chair), c'est-à-dire le gibier qu'on vient de prendre, comme l'*aiguiller* est l'étui où l'on met les aiguilles, le *baguier* le coffret à bagues, le *brasier* le vase où l'on met la braise, etc. La *carnassière* est loin d'avoir un sens aussi net. C'est le féminin de *carnassier*, qui s'applique aux animaux et signifie *qui se repaît de chair crue*, *qui en est fort avide*. C'est donc par une extension très-peu naturelle qu'on a appliqué à une sacoche un nom qui ne peut lui convenir, tandis que le mot *carnier* avait tout pour lui. C'est un exemple qui montre que le peuple est souvent guidé par l'analogie beaucoup mieux que les savants.

CARPOT, s. m., *B.* Petite carpe. Écrivez *carpeau.*

CARQUELIN, s. m., *B.* Espèce de gâteau. Dites *craquelin.*

CARTIER, s. m., **QUARTIER**, s. m., *Par.* Le *cartier* est celui qui fait ou vend des cartes à jouer. *Quartier* est un mot dérivé de *quart;* il signifie, en général, une division dans un tout : *quartier d'agneau*, *quartier de pomme*; *que se passe-t-il dans vos quartiers ?*

CAS (FAIRE DU), *L. v.* On dit *faire cas* de quelqu'un, et non *faire du cas*. Toutefois, on dit bien *j'en fais beaucoup de cas.*

CASTONADE, s. f., *B.* Sucre non raffiné. Dites *cassonade.*

CASTROLE, s. f., *B.* Vase en cuivre étamé. Dites *casserole.*

CASUEL (OBJET), *L. v.* Dites *objet fragile*, *cassant. Casuel* est un substantif; il signifie ce qui vient par cas, par accident : *le casuel de cette place est de* 500 *fr.*

CATAPLAME, s. m., *B.* Écrivez et prononcez *cataplasme.* Autrefois l'*s* ne se prononçait pas; aujourd'hui on la fait sonner fortement.

CATARATE, s. f., *B.* Maladie de l'œil. Dites *cataracte.*

CATÉCHISME, s. m., **CATÉCHISTE**, s. m., *Par.* Le

catéchisme est le livre qui contient les principales vérités de la religion. Le *catéchiste* est l'homme chargé de l'enseigner.

CATÉCHISTE. Voy. CATÉCHISME.

CAYER, s. m., *B.* Écrivez *cahier.*

CEINTURONNIER, s. m., *B.* Marchand de baudriers, de ceinturons. Dites *ceinturier.*

CENTAURE, s.m., **STENTOR**, s. m., *Par.* Le *centaure* était un monstre fabuleux, moitié homme et moitié cheval; *Stentor* était un guerrier grec dont la voix, dit Homère, était aussi forte que celle de cinquante hommes. Dites donc *une voix de Stentor*, et non *une voix de centaure.*

CENTIME (IL NE ME RESTE PAS **UNE**), *Sol.* Dites *un centime.* Le *centime* est la centième partie du franc; il est du masculin, comme *un centième*, qu'il remplace, et comme toutes les subdivisions de nos mesures nouvelles.

CERCIFI, s. m., *B.* racine potagère. Dites *salsifis.*

C'EST A VOUS A SORTIR, *Sol.* Dites *c'est à vous de sortir, c'est à mon tour de parler*, etc. Il arrive souvent qu'on redouble, dans ces locutions, la préposition *à*; c'est encore un solécisme produit par la rapidité du langage, et auquel on fera bien de prendre garde. Outre que ce redoublement amène une sorte d'obscurité dans la phrase, il est très-difficile de l'analyser d'une manière satisfaisante.

CHAILLOTE, s. f., *B.* Espèce d'ail. Dites *échalote.*

CHAÎNE, s. f., **CHÊNE**, s. m., *Par.* Une *chaîne* est une suite d'anneaux engagés les uns dans les autres; un *chêne* est un arbre très-grand, très-fort et très-durable.

CHAIR, s. f., **CHAIRE**, s. f., **CHER**, adj., **CHÈRE**, s. f., *Par.* On appelle *chair* les parties molles des animaux, celles que l'on peut manger, et, par analogie, ce qu'on mange dans les fruits et dans les végétaux. La *chaire* est un siége élevé d'où l'on parle pour enseigner quelque chose. *Cher* est un adjectif qui s'applique à ce que nous aimons ou qui a un grand prix pour nous. *Chère* est un substantif féminin qui exprime surtout la manière de se nourrir : *bonne chère*, *maigre chère.*

CHAIRCUTERIE, s. f., *B.* Dites *charcuterie.*

CHAIRCUTIER, s. m., *B.* Dites *charcutier.*

CHAIRE. Voy. CHAIR.

CHAMBELLAN, s. m., **CHAMBRELAN**, s. m., *Par.* Les *chambellans* sont des seigneurs qui servent un roi, un prince dans l'intérieur de son palais; le *chambrelan* est un ouvrier qui travaille en chambre. Le dernier terme est populaire et peu usité.

CHAMBBELAN, *B.* Voy. CHAMBELLAN.

CHANGEZ-VOUS, *L. v.* Dites *changez de linge*, *de vêtements.* On ne dit pas *se changer de linge*, et, par conséquent, il faut dire à quelqu'un dont le linge ou les vêtements sont mouillés : *changez de linge*, *changez d'habit*, et non pas *changez-vous.*

CHANVRE (LA), *Sol.* Ce mot, féminin autrefois, est aujourd'hui du masculin. Dites donc *le chanvre*, *du chanvre*, et non *la* ou *de la chanvre.*

CHAQUE. Cet adjectif veut son substantif après lui. Dites *ces livres me coûtent cinq francs chacun*, et non pas *cinq francs chaque.* Au contraire, vous direz bien *chaque livre me coûte cinq francs.*

CHARBON DE PIERRE, *L. v.* Dites *houille* ou *charbon de terre.*

CHARBONNAILLE, s. f., *B.* Dites *du poussier de charbon.*

CHARPI (DU), *B.* Dites *de la charpie.*

CHARTIER, *B.* Celui qui conduit une *charrette.* Ce mot n'est pas français, quoique La Fontaine l'ait employé dans une de ses fables. Il faut dire *charretier.*

CHAS. Voy. CHASSE.

CHASSE, s. f., **CHÂSSE**, s. f., **CHAS**, s. m., *Par.* La *chasse* est l'action de chasser. Une *châsse* est le coffre où l'on conserve des reliques. Le *chas* est le trou de l'aiguille. Ne dites donc pas la *chasse* ni la *châsse* d'une aiguille.

CHÂSSE. Voy. CHASSE.

CHAUD, adj., **CHAUX**, s. f., *Par. Chaud* est un adjectif dont le féminin est *chaude. Chaux* est un substantif, c'est le nom d'une substance très-répandue dans la nature, et fort employée dans le bâtiment.

CHAUDIER, s. m., *B.* Ouvrier qui fait la chaux. Dites *chaufournier.*

CHAUFFERETTE. Voy. CHAUFFOIR.

CHAUFFOIR, s. m., **CHAUFFERETTE**, s. f., *Par.* La *chaufferette* est une sorte de réchaud dont se servent les femmes pour se chauffer les pieds. Un *chauffoir* est une salle chaude où l'on se réunit pour se réchauffer.

CHAUX. Voy. CHAUD.

CHÊNE. Voy. CHAINE.

CHER. Voy. CHAIR.

CHÈRE. Voy. CHAIR.

CHÈVREFEUIL, *B*. Boileau a employé ce mot dans l'épître à son jardinier. Écrivez *chèvrefeuille*.

CHIFFON DE PAIN, *L. v.* C'est-à-dire un gros morceau. Dites un *quignon* de pain ou un *grignon*. Ce sont des termes populaires.

CHIPOTEUR, EUSE, *B*. Dites *chipotier, ière*.

CHIRUGIEN, s. m., *B*. Dites *chirurgien*.

CHŒUR, s.m., **CŒUR**, s. m., *Par*. Le *chœur* est une réunion de personnes qui chantent ensemble ; c'est aussi la partie de l'église où l'on chante l'office divin. — Le *cœur* est cet organe musculaire, creux, placé dans la cavité de la poitrine et qui chasse le sang dans tout le corps. La prononciation de ces mots est toujours la même ; mais l'orthographe en doit rester très-différente.

CHOU-CROUTE (DE LA), *B*. Chou aigri et salé. Dites de la *choucroute* (sans trait d'union). On a remarqué que ce mot, venu de l'allemand, en avait été si mal tiré que le mot dont on a fait *chou* signifie *aigre*, et que celui dont on a fait *croute* est justement celui qui veut dire *chou*. Enfin, quelle qu'en soit l'origine, le mot *choucroute* est devenu français : au moins ne faut-il pas indiquer par le trait d'union une composition qui n'a jamais été réelle et ne peut qu'induire en erreur.

CHRÊME, s. m., **CRÈME**, s. f., *Par*. Le *chrême*, ou le *saint-chrême*, est l'huile d'olive mêlée de baume et consacrée par l'évêque pour certains sacrements. La *crème* est la partie la plus substantielle et la plus savoureuse du lait.

CLAIE. Voy. CLEF.

CHRYSOCALE (UNE MONTRE EN). Dites *chrysocalque*. C'est un mot tiré du grec qui signifie *or* et *bronze*, c'est-à-dire *cuivre doré*, et s'applique à tout ce qui est cuivre doré ou cuivre très-brillant. L'Académie, toutefois, admet le mot *chrysocale* dans son Dictionnaire.

CICATRICÉE (CETTE BLESSURE EST), *B*. Dites *cicatrisée*. On dit une *cicatrice* ; mais le verbe et le participe adoucissent l'articulation finale : on dit *cicatriser*.

CINTIÈME, adj., *B*. Celui qui vient après le quatrième. Il faut dire le *cinquième*.

CLAIRINETTE, s. f., *B*. Instrument de musique. Dites *clarinette*.

CLAIRVOIE, solécisme et mauvaise orthographe. Écrivez *claire-voie* : Une partie des jardins est murée, le reste est entouré d'une *claire-voie*.

CLARTEUX, EUSE, *B.* Dites *clair* ou *éclairé* : Cette chambre est bien *claire*, et non pas *clarteuse*.

CLAVELÉE, GRAVELÉE, *Par.* La *clavelée*, ou le *claveau*, est une maladie contagieuse qui attaque surtout les brebis et les moutons; *gravelée* est un adjectif féminin qui n'est usité que dans cette locution : *cendre gravelée*. C'est de la cendre faite de lie de vin calciné. Ne dites donc pas *cendre clavelée*.

CLEF, CLAIE, *Par.* Une *clef* ou *clé* est un instrument de fer ou d'acier qui sert à ouvrir ou fermer une serrure. Une *claie* est un ouvrage à *claire-voie* en forme de carré long et fait de brins d'osier ou de branches d'arbres entrelacés. Dites donc *traîner sur la claie* et non pas sur la *clé*.

CLÉRINETTE (UNE), *B.* Instrument de musique. Dites une *clarinette*. C'est le même mot que *clairinette*.

CLIMUSETTE ou **CRIMUSETTE**, s. f., *B.* Jeu d'enfants où l'un ferme les yeux tandis que les autres se cachent pour qu'il les cherche. Dites *jouer à cligne-mussette*, à la *cligne-mussette*.

CLINCAILLER, s. m., *B.* Dites *quincaillier*.

CLINQUETTES (DES), s. f., *B.* Petit instrument de percussion qu'on tient entre les doigts. Dites des *cliquettes*.

CLOU-A-PORTE, CLOU-PORTE, s. m., *L. v.* Insecte. Dites *cloporte*.

COASSER, v., **CROASSER**, v., *Par. Coasser* exprime le cri de la grenouille, et *croasser* celui du corbeau. Ces deux mots ont été faits à l'imitation du son naturel.

COCHONNADE (MANGER DE LA), *B.* Dites du *porc*.

COCODRILLE, s. m., *B.* Animal amphibie. Dites *crocodile* : Le Nil a beaucoup de *crocodiles*.

COCOMBRE, s. m., *B.* Sorte de citrouille allongée. Dites *concombre*, m.

CŒUR. Voy. **CHŒUR**.

CŒUR (JOLI COMME UN). Mauvaise expression; un cœur n'a rien de joli. Dites *joli* tout simplement, ou ajoutez-y le nom d'un objet qui soit en effet un modèle de cette qualité : *joli comme un amour, joli comme un ange*.

COIGNE (LA) **DU JAMBON**, *B.* Dites la *couenne*, que l'on prononce aujourd'hui le plus souvent *couane*.

COITRE, s. f., *B.* Lit de plumes. Dites une *couette*.

COL. Aujourd'hui on prononce et on écrit *cou*; on dit *col* pour la partie du vêtement qui entoure le *cou* : un *col de chemise*, un *faux-col.*

COLAPHANE, s. f., *B.* Sorte de résine pour frotter les archets. Dites *colophane.* Le vrai nom serait *colophone*, puisque c'est de la ville de Colophon qu'on a d'abord apporté cette résine; mais l'usage a définitivement admis *colophane.*

COLIDOR, s. m., *B.* Long couloir sur lequel s'ouvrent les portes de plusieurs appartements. Dites *corridor.*

COLORER, v., **COLORIER**, v., *Par. Colorer*, c'est donner de la couleur : le soleil *colore* les fruits. *Colorier*, c'est mettre de la couleur : un peintre *colorie* ses tableaux.

COLORIER. Voy. COLORER.

COMBIEN DU MOIS (LE), *L. v.* Dites le *quantième.*

COMBUSTIBLE. Voy. COMESTIBLE.

COMESTIBLE, s. m., **COMBUSTIBLE**, s. m., *Par. Comestible*, c'est ce qu'on peut manger : Il y a à Paris des marchands de *comestibles* très-renommés. *Combustible*, c'est ce qui peut être brûlé : le bois, la houille, sont des *combustibles.*

COMME. La conjonction *comme* est employée à tout instant chez nous dans ces comparaisons vives et rapides qui forment un des caractères les plus saillants et les plus précieux de notre style familier : il était *comme* une âme en peine, courir *comme* un lièvre, il travaille *comme* un cheval, etc. Mais ces comparaisons, dans la bouche des gens sans imagination ou dont l'esprit ne leur suggère pas à l'instant même la similitude dont ils ont besoin, dégénèrent promptement en phrases insignifiantes ou même contradictoires avec ce qu'ils veulent dire. L'un vous dit, par exemple, qu'on est *heureux comme tout* ou *pauvre comme tout.* Le terme de la comparaison n'est-il pas bien choisi, et *tout* n'est-il pas un beau symbole de bonheur ou de pauvreté? Il faut dire *heureux comme un roi*, *pauvre comme Job* : l'un parce que, dans l'opinion du vulgaire, les rois, étant riches ou puissants, devaient se trouver fort heureux; le second, parce que Job fut en effet le plus pauvre des hommes quand le Seigneur lui eut ôté ses biens. Toutes les fois que la comparaison n'a pas un sens bien net, c'est un détestable pléonasme, qu'il vaut beaucoup mieux supprimer en disant seulement ce qu'on veut dire : *il est heureux*, *il est pauvre*, puisque les mots qu'on y ajoute n'ont pas de sens. —Voy. ÇA, CŒUR, DIABLE, TOUT.

COMME AUTANT. Voy. AUTANT COMME.

COMME DE JUSTE, *L. v.* L'Académie, qui admet cette

expression au mot *de*, ne la consigne pas au mot *juste*. Il est à croire que c'est par erreur qu'elle l'a admise ; il faut dire *comme de raison* ou *comme il est juste*. La première expression a mené sans doute à la seconde ; mais c'est à tort, car on comprend très-bien la phrase *comme de raison*, abrégée de *comme il est de raison ;* tandis que *comme il est de juste* ne peut ni se dire ni se concevoir. On dira toujours *comme il est juste*.

COMMODE. Appliqué aux personnes, *L. v.* : Il n'est pas riche, mais il est *commode ;* c'est un barbarisme. Dites *il est à son aise*.

COMPANIE, s. f., *B*. Dites et écrivez *compagnie*.

COMPARITION, *B*. Dites *comparution*, quoique l'on dise *apparition* et *disparition*.

COMPENDIEUSEMENT, adv., pour dire avec détail et d'une manière prolixe. C'est un mot pris à contre-sens, à cause de sa longueur, qui fait croire aux ignorants qu'il représente la longueur du discours ; il veut, au contraire, dire *en abrégé*. Dans le sens qu'on lui donne à tort, il faut dire *longuement*, *prolixement*, etc.

COMPÈRE ET COMPAGNON, barbarisme dans la phrase. Dites *pair et compagnon*. *Pair* signifie proprement *égal*. On dit aussi *traiter quelqu'un de pair à compagnon*, c'est-à-dire le traiter d'égal à égal.

COMPTANT, **CONTENT**, *Par*. *Comptant* est le participe du verbe *compter ;* il est pris d'une manière absolue dans les locutions *payer comptant*, *payer en argent comptant*. — *Content* est un adjectif : il signifie *joyeux*, *bien aise*, *satisfait*. Ces deux mots se prononcent toujours de même ; mais on voit que le sens en est bien différent et qu'il faut se garder d'en confondre l'écriture.

CONFLE, s. f., *B*. Petite ampoule sur la peau : Sa brûlure lui a fait venir une *confle*. Dites *une cloche*.

CONFUSIONNER, v., *B*. Dites *confondre*, *rendre confus*, *couvrir de confusion*.

CONJECTURE, s. f., **CONJONCTURE**, s. f., *Par*. Une *conjecture* est la supposition de ce qui arrivera plus tard : *Votre conjecture s'est vérifiée*. Une *conjoncture*, c'est l'ensemble des circonstances où l'on est placé : *je ne savais trop que faire dans cette conjoncture*.

CONJONCTURE. Voy. CONJECTURE.

CONSÉQUENCE (PAR), *L. v.* Dites *en conséquence*. L'autre expression n'est pas admise en français, quoique assurément il soit impossible d'en donner une bonne raison, sinon que c'est l'usage. — Voy. En conséquent.

conséquent ainsi (par). Voy. Ainsi par conséquent.

conséquent donc (par). Voy. Donc par conséquent.

conséquent (en). Dites *par conséquent*. Il est remarquable que l'usage exige avec chacun de ces mots une préposition qu'il rejette avec l'autre; il faut dire *en conséquence*, et on ne peut dire *en conséquent;* il faut dire *par conséquent*, et l'on ne peut dire *par conséquence*. L'usage a de singulières bizarreries.

conséquente (une **somme**), *L. v.* Dites *une somme considérable. Conséquent* signifie *qui suit* ou *qui se suit;* un *raisonnement conséquent* est un raisonnement qui se suit bien. Une *somme conséquente* est un barbarisme.

consommer, v., **consumer**, v., *Par. Consommer*, c'est achever, accomplir et détruire une chose par l'usage qu'on en fait : *consommer un sacrifice. Consumer*, c'est détruire par le feu, réduire à rien.

consulte, s. f., *B.* Conférence pour délibérer sur quelque affaire. Dites *consultation* : Appeler plusieurs médecins en *consultation*.

consumer. Voy. Consommer.

content. Voy. Comptant.

contenue, s. f. Cette terre est de la *contenue* de dix arpents. Dites *de la contenance*.

contre quelqu'un (être **assis**). On est assis *près* ou *auprès de quelqu'un*, et non pas *contre lui*.

contre quelqu'un (passer), *L. v.* Dites *auprès de quelqu'un*.

contredire (sans), *L. v.* Certainement, indubitablement. Dites *sans contredit. Sans contredire* aurait un autre sens.

contredites (vous me), *B.* Il faut dire *vous me contredisez*. Voy. Interdites.

contrevention, s. f., *B.* Dites *contravention*, quoique l'on dise *contrevenir* et non pas *contravenir*.

convoitiser, v., *B.* Désirer vivement une possession; dites *convoiter*. Le substantif *convoitise* vient de ce verbe; ce n'est pas le verbe qui vient du substantif.

CORBILLONIER, s. m., *B*. Ouvrier qui fait des vans et des corbeilles. Dites *vannier*.

CORDELAGE DU BOIS, *B*. Dites le *cordage* ; et de même *corder le bois*, et non le *cordeler*.

CORNENT (LES **OREILLES ME**), *L. v*. Dites *me tintent* ; c'est une expression proverbiale et familière. On dit, au contraire, *corner quelque chose aux oreilles* de quelqu'un, pour le lui répéter sans cesse, l'en fatiguer.

CORNET DE POÊLE, *L. v*. Dites *tuyau*, s. m.

CORPORÉ (CET HOMME EST BIEN), *B*. Dites qu'il est *corpulent*.

CORPORENCE, *B*. Dites *corpulence*.

CORPS ET A CRIS (A), *L. v*. Écrivez *à cor et à cris*. C'est une expression tirée de la vénerie : *on chasse à cor et à cris*, c'est-à-dire avec un grand bruit.

CORSE, s. f., **ÉCORCE**, s. f., *Par*. La *Corse* est une île de la Méditerranée, et un département de la France. L'*écorce* est la peau qui enveloppe le tronc ou les branches d'un arbre, ou son fruit. Ne dites donc pas la *corse d'une orange*.

CORSONAIRE, s. m., *B*. Racine bonne à manger et qui approche du salsifis. Dites *scorsonère*.

COSSE, s. f., **ÉCOSSE**, s. f., *Par*. La *cosse* (s. f.) est l'enveloppe de certains légumes, comme les pois, les fèves. L'*Écosse* est un pays. Dites donc des *cosses de pois* et non pas des *écosses*. Ce dernier mot, dans le sens qu'on lui donne ici, est tiré sans doute, mais mal à propos, du verbe *écosser*, qui signifie ôter la cosse des *pois*, des *fèves*.

COU. Voy. COL.

COU-DE-PIED, s. m., **COUDE-PIED**, s. m., **COUP DE PIED**, *Par*. — *Coude-pied* et *cou-de-pied* sont deux orthographes également admises pour désigner la partie supérieure du pied, près de son articulation avec la jambe. *Coup de pied* exprime un coup donné avec le pied. Le son est absolument le même que celui des mots précédents ; mais l'écriture diffère beaucoup, et il faut bien observer cette différence.

COUDE-PIED. Voy. COU-DE-PIED.

COUP DE PIED. Voy. COU-DE-PIED.

COUPER PIQUE, **CŒUR**, etc., *L. v*. Aux jeux de cartes, couper, c'est donner de l'atout au lieu de la couleur qui est sur la table. Il faut probablement dire : *couper de cœur*, *couper de pique*, *de trèfle*, *de carreau*, et non *couper cœur*, *pique*, *carreau*. L'Académie n'admet ni l'une ni l'autre expression; mais il faut bien que l'une d'elles soit française, et la grammaire nous indique facilement la bonne.

COUPERON, s. m., *B*. Sorte de couteau de boucher ou de cuisinier; dites *couperet*.

COURLE, s. f., *B*. Sorte de citrouille. Dites *courge*.

COURLE-BOUTEILLE, s. f., *B*. Dites *calebasse*, s. f., ou *gourde*, s. f.

COURT. C'est un adjectif pris d'une manière absolue. Il faut donc dire : *Je suis court d'argent*, et non *je suis à court*. *Il est resté court*, et non *à court*. Au contraire, quand on est pressé par le temps ou par quelqu'un, on dit qu'on est *pris de court*, et non pas qu'on est *pris court*.

COURTEROLLE, s. f., *B*. Insecte qui mange les racines des laitues. Dites *courtillière*, s. f.

COUSERAI (JE), *B*. Futur de *coudre*. Dites *je coudrai*, suivant la règle générale. *Je couserai*, usité autrefois, ne l'est plus depuis longtemps.

COUTANCE, s. f., **COUTANCEUX**, adj., *B*. Dites *coût* ou *dépense*; *coûteux* ou *dispendieux*.

COUTUMACE, m., *B*. Accusé qui refuse de se présenter devant un tribunal. Dites *un contumax*.

COUTUMACE, f. Refus d'un accusé de se présenter en jugement. Dites *contumace* (la).

COUVERTE (LA) **D'UN LIT**, *L. v*. Dites *la couverture*. *La couverte* d'un vase. Dites *le couvercle*.

COUVIS (UN OEUF), *B*. OEuf à demi couvé et gâté. Écrivez et prononcez *un œuf couvi*.

CRAINTE. Avec la préposition *de* et la conjonction *que*, on forme la locution conjonctive *de crainte que : De crainte qu'il ne s'en aperçoive*, de *crainte qu'il ne se fâche*. C'est un solécisme que de retrancher le *de*. On ne doit pas plus dire *crainte qu'il ne se fâche* que *peur qu'il ne se fâche*.

CRAÏON, *B*. Dites et écrivez *crayon*.

CRAMAIL (UN), *B*. Dites *une crémaillère*.

CRAQUE, s. f., *B*. Menterie, hâblerie, gasconnade renforcée. Dites une *craquerie*.

CRASSER SES HABITS, y laisser ou y mettre de la crassse, *B*. Dites *encrasser ses habits*.

CRASSERIE, *B*. Vilaine et sordide avarice. Dites *ladrerie* ou *crasse*. Ce dernier mot, admis dans le sens d'une avarice qui va jusqu'à la malpropreté, n'a ce sens que par extension.

CRÈME. Voy. CHRÊME.

CRÉPISSAGE, *B.* L'action d'enduire une muraille de chaux et de mortier. Ce mot, quoique bien nécessaire, n'est pas admis; mais les grammairiens qui conseillent de dire *crépissure* se trompent. La *crépissure* ou, comme on dit plus ordinairement, le *crépi*, est l'enduit lui-même, et non l'acte dont il s'agit. L'entrepreneur de peinture fournit le *crépi* ou la *crépissure*. Mais que doit-il payer à son ouvrier, sinon le travail que celui-ci a donné, c'est-à-dire le *crépissage?*

CRESANE (POIRE DE). Dites *poire de crassane.* Cette recommandation n'est plus à faire, aujourd'hui que l'Académie admet *cresane* comme usité, bien qu'elle remarque que *crassane* est plus exact.

CREUSANE (DE LA), *B.* Sorte de poire. Dites *crassane* ou *cresane.*

CRIMUSETTE. Voy. CLIMUSETTE.

CROASSER. Voy. COASSER.

CROC, *L. v.* C'est un *croc*, c'est-à-dire un voleur. Dites *un escroc.*

CROCHE-PIED (A), *L. v.* Dites *à cloche-pied*, parce que l'on *cloche* (ou boite) sur un seul pied.

CROISON, s. m., *B.* Le bras, le travers d'une croix. Dites *croisillon.*

CRUE (DE LA TOILE), *L. v.* Dites de la *toile écrue.*

CUEILLER DES FRUITS OU DES FLEURS, *B.* Ce verbe, usité dans l'ancien français, et dont il reste des traces au présent de l'indicatif, *je cueille*, et au futur *je cueillerai*, n'est plus admis. Dites *cueillir.*

CUILLER (UNE) **DE CONFITURES**, *L. v.* Dites une *cuillerée; cuiller* est le nom de l'instrument, *cuillerée* ce qu'il contient.

CUILLER (DONNEZ UN), *Sol.* Dites une *cuiller* et prononcez *cuillère.* Ce mot est du féminin; ceux qui le font masculin prononcent ordinairement *cuillé;* mais c'est un barbarisme.

CUIRASSEAU, s. m., *B.* Ratafia d'écorces d'oranges amères; prononcez *curaço;* le mot est portugais et s'écrit *curaçao.* C'est contre toute analogie, et par suite de l'habitude des mots *cuirasse* et *cuirassier*, que l'on prononce ordinairement *cuirasseau.*

CUISON, s. f., **CUISAGE**, s. m., *B.* Action de cuire ou de faire cuire. Ces deux mots ne sont pas français. Dites *cuisson.*

CUIT-POMME, s. m. Ustensile de terre ou de métal destiné à faire cuire les pommes devant le feu. Cet instrument s'appelle aussi un *pommier,* et c'est le seul mot qu'admette l'Académie. M. Legoarand regrette à ce sujet que *cuit-pomme* ne soit pas inscrit dans le Dictionnaire; mais il n'a pas besoin d'y être : c'est un mot composé dont tout le monde peut employer à son gré les éléments, pourvu qu'il le fasse d'une manière conforme au bon usage. L'Académie n'admet pas non plus *chauffe-pied;* cela n'empêche pas que le mot ne soit français et que tout le monde ne puisse s'en servir très-correctement.

CURER, v., **ÉCURER**, v., *Par. Curer,* c'est nettoyer; on dit *curer un fossé, un puits, un égout.* — *Écurer,* c'est nettoyer en frottant pour rendre brillant : *écurer la vaisselle, écurer une casserole.*

CYMBALES, s. f., **TIMBALES**, s. f., *Par.* Les *cymbales* sont deux plats d'un alliage particulier qu'on tient à l'aide de courroies et qu'on frappe en mesure l'un contre l'autre. Les *timbales* sont deux hémisphères creux en bronze, fermés chacun par une peau tendue comme celle des tambours, et qu'on frappe avec des baguettes.

D

DADA, s. m., **DADAIS**, s. m., *Par. Dada* est le nom que les enfants donnent au cheval. Un *dadais* est un homme niais, nigaud. Ne dites pas dans ce sens un *grand dada*, mais un *grand dadais.*

DAME (COMMENT SE PORTE **VOTRE**)? *L. v.* Il faut dire : *Comment se porte madame?* La raison en est que *dame* est, comme *seigneur,* un titre de dignité qu'on donne par politesse, non pas relativement aux autres, mais relativement à soi-même. Vous ne diriez pas, en entrant dans le palais d'un prince, au domestique qui vous ouvrirait : *Puis-je parler à votre seigneur?* mais bien à *monseigneur* ; vous diriez aussi à une femme mariée : *Je viens savoir des nouvelles de monsieur,* et non de *votre sieur.* Dites de même de *madame,* de *mademoiselle,* et non de *votre dame,* de *votre demoiselle.* — Voy. ce dernier mot.

DAMERET, s. m., **DAMOISEAU**, s. m., *Par.* Le *dameret* est celui qui fait le beau, qui veut plaire aux dames. Le *damoiseau* était autrefois un jeune noble; par suite, on a appelé ainsi les jeunes gens bien faits, agréables, élégamment vêtus. Ce mot n'exprime donc pas le même sens que *dameret*.

DANGEREUX, adj. Qui met en danger. Une maison est *dangereuse* si l'on peut y exposer sa vie, sa santé, sa fortune, etc.; mais ne dites pas : *Il est dangereux que cette maison croule*. Dites : *Il est à craindre que cette maison croule*.

DARTE, s. f., *B*. Maladie de la peau. Dites *dartre*, s. f.

DAVANTAGE D'ARGENT (IL A), *L. v.* Dites *il a plus d'argent*. Aujourd'hui *davantage* ne s'emploie pas avec un complément, mais d'une manière absolue : *Vous avez beaucoup d'argent, et il en a davantage*.

DAVANTAGE QUE LA VILLE (J'AIME LA CAMPAGNE), *L. v.* Dites *plus que la ville*. *Davantage* ne peut prendre de complément.

DAVANTAGE INSTRUIT (IL EST), ou *il est savant davantage*, *L. v.* Dites *il est plus instruit, plus savant*. *Davantage* ne peut précéder ni accompagner un adjectif, ni un participe.

DE. Après un adjectif numéral ou un substantif collectif, on peut, dans les phrases suivantes et leurs analogues, énoncer la préposition *de* devant le modificatif qui se rapporte au substantif précédent, et dire : Sur mille combattants, il y eut cent soldats *de* tués; il n'y eut qu'un petit nombre d'hommes *de* massacrés. Il serait plus naturel et il est mieux de dire : Il y eut cent soldats tués, il n'y eut qu'un petit nombre d'hommes massacrés. Mais la présence de la préposition *de* peut s'expliquer au moyen d'une inversion; c'est toujours cette forme qu'il faut employer quand le relatif invariable *en* se trouve devant le verbe et rappelle le substantif : Sur deux cents soldats, il y *en* eut dix *de* tués, et non pas *dix tués*.

DE DELA (OTEZ-VOUS). Dites *ôtez-vous de là*. De même *de là chez moi*, et non pas *de delà chez moi*. *De delà* n'est français que dans cette expression : *Les peuples de delà les monts*, c'est-à-dire *qui habitent au delà*.

DE LE VOIR (JE PENSE), *Sol*. Dites *je pense le voir*. Après les verbes *croire*, *penser*, *compter*, il ne faut jamais mettre *de* devant l'infinitif. Ainsi ne dites pas *il a cru de bien faire*, *je pense de le voir, il compte de partir demain*; dites *il a cru bien faire, je pense le voir, il compte partir demain*.

DE VOUS OU DE VOTRE FRÈRE (**LEQUEL** EST LE PLUS GRAND), *Sol*. Dites *vous ou votre frère*. La préposition *de*, quoique fort usitée dans cette locution, n'y est pas correcte; elle ne s'explique que par la confusion du mot *ou* avec *et*. La phrase, en effet, serait correcte si l'on disait : *Lequel est le plus grand de vous et votre frère ?* ou en la retournant : *De vous et votre frère lequel est le plus grand ?* puisque *vous et votre frère* sont deux personnes, et qu'ainsi la phrase donnée est équivalente à celle-ci : *Lequel des deux est le plus grand ?* Mais, avec la conjonction alternative *ou*, la phrase donnée revient à cet amphigouri inexplicable : *Lequel de vous tout seul est le plus grand*, ou *Lequel de votre frère tout seul est le plus grand ?* On cite de nombreux exemples de l'emploi de la préposition *de* dans des phrases analogues ; mais il convient de les regarder comme des exceptions ou des inadvertances, puisqu'il est impossible de s'en rendre compte.

DE RIEN (CELA NE FAIT), *Sol.* Dites *cela ne fait rien*, *ne me fait rien.*

DE SIX (LA MOITIÉ DE DOUZE EST), *Sol.* Dites *la moitié de douze est six*. La préposition *de* forme dans cette locution un solécisme inexcusable.

DE DEPUIS, *Sol.*, comme *de delà*, est un solécisme grossier. La préposition *de* se trouve dans *depuis ;* il ne faut pas la redoubler.

DE LA D'OÙ (EST-CE) **VOUS VENEZ** ? *Sol.* Il y a une préposition de trop. Il faut dire : *Est-ce de là que vous venez ?* Et, de même : *Est-ce de Rome, de Paris que vous venez ?*

DÉBARRAS, s. m., *L. v.* Lieu où l'on serre beaucoup de choses. Dites *décharge : C'est un endroit de décharge*, et non un *débarras*.

DÉBITANT, s. m., **DÉBITEUR**, s. m., *Par.* Le *débitant* est celui qui *débite* une marchandise. Le *débiteur* a deux significations distinctes : dans l'une il est synonyme de *débitant*, mais ne se prend qu'au figuré et en mauvaise part : *C'est un grand débiteur de nouvelles, de fariboles, de sornettes.* Il fait au féminin *débiteuse : C'est une débiteuse de mensonges.* Dans l'autre sens, *débiteur* se rapporte au verbe *devoir*, c'est celui qui doit. Il est opposé à *créancier*, et fait au féminin *débitrice*.

DÉBITEUR. Voy. DÉBITANT.

DÉBOURS, s. m., **DÉBOURSÉS**, s. m., *Par.* Les *débours* sont l'argent qu'on a avancé pour quelqu'un ou pour quelque chose : *On lui a remboursé ses débours.* L'Académie remarque que ce mot a vieilli et qu'on dit plutôt aujourd'hui des *déboursés*.

DÉBOURSÉS. Voy. DÉBOURS.

DÉCESSER DE FAIRE, *B.* Dites *cesser de faire*.

DÉCHICOTER, *v.*, *B.* Découper en diverses taillades. Dites *déchiqueter.*

DÉCOMBRES (ENLEVEZ TOUTES CES), *Sol.* Dites *tous ces décombres.* Ce mot est masculin.

DÉCOMMANDER, v., *B.* Dites *contremander.*

DÉCORNER, *B.* Rompre une corne à un animal. Dites *écorner.*

DÉCRÉMER LE LAIT. Oter la crème de dessus le lait. Dites *écrémer.*

DÉCROTTOIR (UN), *Sol.* Sorte de brosse servant à décrotter les souliers. Dites une *décrottoire.*

DEDANS LA MAISON, *Sol.* Dites *dans la maison. Dedans*, aujourd'hui, ne prend pas de complément.

DÉDITE, s. f., *B.* Droit de se dédire. Ce mot n'est pas français. Il faut dire *dédit : Il a payé un dédit de mille écus.*

DÉFAUT DE (A), **AU DÉFAUT DE**, *Par.* Ces deux expressions signifient le manque d'une chose : *à défaut* l'exprime d'une manière plus absolue; *au défaut* indique qu'on pourra remplacer : *Au défaut du capitaine, c'est le lieutenant qui commande.*

DÉFIANCE, s. f. Voy. MÉFIANCE.

DÉFICELER, v., *B.* Oter les ficelles. Dites *délier.*

DÉFIER A QUELQU'UN, *Sol.* On *défie* quelqu'un à la course, à la lutte, à la balle; on le *défie* de faire quelque chose; on ne *défie* pas la chose à la personne. Cette faute vient sans doute de la confusion de *défier* avec *défendre.*

DÉGRAINER DES RAISINS, DES GROSEILLES, *B.* Dites *égrener.*

DÉGRISER, *L. v.*, dans le sens absolu de *détromper*, n'est pas français; ce mot signifie faire passer l'ivresse, empêcher d'être gris : *Ceci vous dégrise un peu* (Beaumarchais). *Être dégrisé* se prend, par métaphore, pour n'être plus ivre d'un désir, etc.; de sorte que *dégriser* ne peut s'employer pour *détromper* que quand on était trompé par sa propre passion.

DE GUERRE LASSE. Voy. GUERRE.

DÉHORS, *B.* Mauvaise prononciation et mauvaise orthographe. Dites *dehors.*

DEHORS LE JARDIN, *Sol.* Dites *hors du jardin. Dehors* est comme *dedans*, il se prend absolument et sans régime.

DÉLURÉ (C'EST UN JEUNE HOMME BIEN), *B.* Dites *bien dégourdi.*

DÉMARCHE, s. f. Voy. MARCHE.

DEMOISELLE (COMMENT SE PORTE **VOTRE**)? *L. v.* Dites : *Comment se porte mademoiselle?* *Demoiselle* est un diminutif de *dame*; il est, comme lui, un mot relatif et s'emploie de même. — Voy. DAME.

DEMOISELLES (J'AI VU UNE MÈRE AVEC SES), *L. v.* Dites *j'ai vu une mère avec ses filles.*

DENIER, s. m., **DERNIER**, adj., *Par. Denier*, petite pièce de monnaie : *denier à Dieu*, argent donné comme arrhes d'un marché. *Dernier*, le plus reculé, qui est après tous les autres : *dernier adieu*, le dernier compliment qu'on se fait quand on se quitte pour toujours ou pour un long voyage.

DENTELURE, s. f., *B.* Arrangement des dents. Dites *denture* : une *belle denture.*

DÉPAREILLER, v., **DÉPARIER**, v., *Par. Dépareiller*, c'est ôter ou perdre une ou plusieurs choses pareilles : Un ouvrage est *dépareillé* par un seul volume égaré ou perdu, même quand on a remplacé ce volume, s'il n'est pas en tout semblable aux autres. *Déparier*, c'est ôter l'une des deux choses qui font la paire : *Déparier des gants*, *des souliers*. *Déparier des pigeons*, c'est séparer le mâle de la femelle.

DÉPARIER. Voy. DÉPAREILLER.

DÉPARLER, v. Cesser de parler. Il ne s'emploie qu'avec la négation : *Il ne déparle pas.*

DÉPÊCHEZ-VOUS VITE, *Pl.* Dites *dépêchez-vous* tout simplement; toutefois, ce pléonasme est admis dans le style familier, parce qu'il exprime assez vivement l'empressement, la précipitation que l'on recommande.

DÉPERSUADER, v., *B.* Dites *dissuader.*

DÉPLORABLE (UN **PRINCE**), *L. v.* On déplore un malheur, un événement; on ne déplore pas une personne. Il ne faut donc pas dire, avec Racine, *un prince déplorable.*

DERNIER. Voy. DENIER.

DÉSAGRAFER, v., *B.* Dites *dégrafer.*

DÉSARROIR, s. m., *B.* Désordre dans les affaires. Dites *désarroi*, s. m.

DÉSASTRUEUX, adj., *B.* Dites *désastreux.*

DESCENDRE EN BAS, *Pl.* C'est un pléonasme inutile, à moins qu'on ne détermine jusqu'à quel point il faut descendre : *Descendez tout en bas.*

DESSOUS LA COUVERTURE, **DESSOUS LA TABLE**,

Sol. Ces phrases, admises autrefois, sont aujourd'hui des solécismes grossiers. Il faut dire *sous la table*, *sous la couverture*.

DESSUS LA TÊTE, DESSUS QUEL ENDROIT, *Sol.* Dites *sur la tête*, *sur quel endroit*. On donnait autrefois un complément à *dessus*; on regarde aujourd'hui cette construction comme un solécisme.

Dessus et *dessous* peuvent cependant recevoir des compléments directs quand on veut exprimer une opposition entre eux : *Il n'est ni dessus ni dessous la tasse* (Acad.) ; quand ils sont précédés d'une des prépositions *à*, *de*, *par* : *On a tiré cela de dessous la table ; sauter par-dessus une porte*.

DÉTEINDRE, v. On trouve dans quelques livres sur la langue française qu'il ne faut pas dire *cette étoffe déteint*, mais *se déteint*. C'est une erreur ; le verbe *déteindre* se prend intransitivement : *Cette étoffe déteint beaucoup*, *ces cravates déteignent sur le linge* (Acad.).

DÉVANCER, v., *B.* Dites *devancer*, comme on dit *devant*, et non *dévant*.

DEVANT. Voy. AVANT.

DEVENIR D'UN ENDROIT, *Sol.* Dites *venir : Je viens de Paris*, et non pas *j'en deviens*.

DEVINATION, s. f., *B.* Dites *divination*, quoiqu'on dise *deviner*, et non pas *diviner*.

DÉVINER, v., *B.* Dites *deviner*, comme *devin*, et non *dévin*.

DÉVISAGER, v., **ENVISAGER,** v., *Par. Dévisager*, c'est blesser quelqu'un au visage de manière à le défigurer. *Envisager*, c'est le regarder au visage. Gardez-vous donc bien de dire qu'on a *dévisagé* quelqu'un pour signifier qu'on a examiné et reconnu toutes les particularités de son visage.

DÉVOIEMENT, s. m., **DÉVOUEMENT,** s. m., *Par.* Le *dévoiement* est un flux de ventre; le *dévouement* est l'action de se dévouer.

DÉVOUEMENT. Voy. DÉVOIEMENT.

DIABLE (COMME LE). Le diable est un des objets de comparaison (Voy. COMME) dont nous faisons le plus d'usage dans le style familier ; mais il faut que la qualité dont il s'agit soit une de celles que nous attribuons à l'esprit de ténèbres. On dira donc très-bien *noir comme le diable*, *malin comme le diable*. Quand la qualité est une de celles qui sont contraires à l'idée que nous nous faisons du démon, la phrase ne peut être prise que dans un sens ironique. *Bon comme le* *diable* signifiera *méchant; blanc comme le diable* voudra dire *noir*. Déjà ces phrases sont moins bonnes que les précédentes; mais ce qui est surtout mauvais, ce sont les comparaisons où le diable apparaît sans aucun rapport avec ce qu'on veut signifier : *Alerte comme un diable*, *économe comme un diable*, *savant en diable*, ne signifient rien du tout; ce sont des pléonasmes vicieux qui ne font qu'alourdir inutilement le style.

DIMIER, s. m., *B*. Celui qui perçoit les *dîmes*. Dites *dîmeur*.

DINATOIRE (UN DÉJEUNER), *B*. C'est-à-dire qui est si copieux et qui est fait si tard qu'il dispense de dîner. Dites *un déjeuner-dîner*. *Dînatoire* n'est pas français.

DINDE (UN), *Sol*. Dites *un dindon*. *Dinde* faisait autrefois deux mots : *un coq d'Inde*, *une poule d'Inde*, *un poulet d'Inde*. On a même dit par abréviation *un dinde*, *une dinde*, pour *un d'Inde*, *une d'Inde;* mais depuis, le mot *dinde* a été appliqué exclusivement à la poule d'Inde, et l'on a appelé le coq et le poulet *dindon* et *dindonneau*.

DISGRESSION (LONGUE ET ENNUYEUSE), *B*. Dites *digression*. C'est ce qui, dans un ouvrage, s'écarte du sujet principal.

DISPARUTION, s. f., *B*. Dites *disparition*.

DONC, PAR CONSÉQUENT, *Pl*. Dites *donc* ou *par conséquent*, mais non les deux à la fois.

DONNE (LA), *B*. Le tour de donner les cartes. Dites *le tour*.

DONNER DU COR, SONNER DU COR. Voy. SONNER.

DONT et **DE**, *Pl*. et *Sol*. *De quelque titre dont ces héros soient revêtus* (J.-B. Rousseau); *c'est du vieil honneur dont vous me parlez* (Quinault); *c'est de ce sens dont il faut nous servir* (Buffon). Il fallait mettre *quelques titres*, *c'est le vieil honneur*, *c'est ce sens dont...*, ou bien *de quelque titre que*, *c'est du vieil honneur que*, *c'est de ce sens que....*

DONT, EN, *Pl*. et *Sol*. *C'est une racine dont on s'en sert pour plusieurs usages*. Dites *dont on se sert*, ou bien *on s'en sert*. *Dont* signifie *de laquelle racine*, et *en* veut dire *de cette racine*. La phrase citée signifie donc : *on se sert de laquelle racine de cette racine*. N'est-ce pas un pléonasme bien ridicule ?

DORMÉ-JE? *B*. Dans le sens de *est-ce que je dors ?* Cet horrible barbarisme se trouve recommandé dans un ouvrage sur les locutions vicieuses (au mot *je*, édit. 1842). Le mot n'est pas seulement barbare; le conseil donné à ce sujet n'est que le résultat d'une confusion inexcusable. Le son représenté ici n'est français que sous cette forme : *dormais-je?* c'est l'imparfait de *dormir* à la forme interrogative. Quant au mot *dormé* tel qu'il est écrit ici, c'est une faute des plus grossières ; la seule forme correcte pour exprimer sans périphrase *dors* ou *est-ce que je dors*, c'est *dors-je*. Comme cette forme est très-dure, on l'évite avec raison, et on la remplace par la périphrase, mais non par un barbarisme.

DOUARE, s. m., **DOUARIÈRE**, s. f., *B.* Écrivez et prononcez *douaire*, *douairière*. Quelques personnes prononcent *douare*, *douarière*, et plusieurs grammaires ont recommandé de prononcer ainsi ; mais cette habitude, qui n'est motivée sur rien de solide, paraît tenir à ce changement général du son *è* en *a* après le son *ou* : c'est ainsi que nous disons *mouale* pour *moelle*, et *poâle* pour *poéle*, quelques-uns même *poate* pour *poëte* ; mais ce sont des habitudes qu'il faut combattre et non encourager.

DOUILLE, s. f., **DOUVE**, s. f., *Par.* On appelle *douves* les planches qui forment la paroi d'un tonneau, tandis qu'une *douille* est un manche creux dans lequel on peut enfoncer un morceau de bois, une hampe, etc. Dites donc les *douves d'un tonneau* et non les *douilles*.

DOUVE. Voy. DOUILLE.

DRESSER UN PIÉGE, *L. v.* Dites *tendre un piége*. Voy. TENDRE DES EMBUCHES.

DU. Ce que l'on doit. Ne dites pas *j'ai payé mon dû*, mais *j'ai payé ma dette*.

DU DEPUIS QUE JE LE CONNAIS, *L. v.* Dites *depuis que*. *Du depuis* est un solécisme.

E

EAU D'ANON (QUELQUES GOUTTES DE L'), *L. v.* C'est le *laudanum*, dissolution d'opium, que l'ignorance a défiguré d'une manière si ridicule. De pareilles fautes ne sont-elles pas propres à répandre partout les préjugés les plus détestables (Voy. ASPIC) et à faire attribuer à *l'eau d'ânon* des propriétés médicales, comme dans quelques provinces on en attribue à la fiente de poule ou aux déjections d'autres animaux?

ÉBOULER, v., **ÉCROULER** (s'), v., *Par. Ébouler*, c'est tomber en ruines : *Les terres s'éboulent*, *cette muraille s'est éboulée*. *S'écrouler*, c'est tomber en s'affaissant. Ce mot s'emploie surtout en parlant des constructions : *cette maison s'est écroulée.*

ÉCAILLE, s. f., **ÉCALE**, s. f., *Par.* L'*écaille* est la partie dure, ronde et plate qui couvre la peau des poissons et des reptiles; c'est aussi l'espèce de coque dure qui couvre les testacés. L'*écale* est la couverture extérieure qui renferme la coque dure de certains fruits, comme les noix. Dites donc des *écales de noix*, et, par analogie, des *écales d'œufs*, des *écales de pois*, et non des *écailles de noix*, etc.

ÉCAILLES D'UN POT, *L. v.* Dites les *têts d'un pot.*

ÉCALE. Voy. ÉCAILLE.

ÉCARLATINE (FIÈVRE), *B.* Dites *scarlatine.*

ÉCARRER UNE PIÈCE DE BOIS, *B.* La rendre carrée. Dites *équarrir.*

ÉCHAFFOURÉE, s. f., *B.* Rencontre imprévue à la guerre, léger combat. Dites *une échauffourée.*

ÉCHAQUER, v., *B.* Oter les écailles aux poissons. Dites *écailler.*

ÉCHARDE, s. f., **ÉCHARPE**, s. f., *Par.* L'*écharde* est une épine, ou un petit éclat de bois, un piquant de chardon qui s'enfonce dans la chair. L'*écharpe* est une large ceinture avec pendants ou nœuds saillants, une bande d'étoffe en forme de baudrier, une sorte de voile à l'usage des femmes. Dites donc que vous avez une *écharde* dans le doigt, et non pas une *écharpe.*

ÉCHARPE. Voy. ÉCHARDE.

ÉCHECS, s. m., **JONCHETS**, s. m. p., *Par.* Les *échecs* sont les pièces du jeu qui se joue sur l'échiquier. Les *jonchets*, c'est-à-dire *petits joncs*, sont des petites pièces d'os ou d'ivoire auxquelles on attribue diverses valeurs et qu'il faut enlever sans remuer les autres; c'est un jeu d'enfants. Les *échecs* sont, au contraire, le jeu le plus sérieux que l'on connaisse. Ne les confondez pas.

ÉCHETS (JOUER AUX), *B.* Écrivez *échecs.* Le *c* ne se prononce pas au pluriel dans ce sens, mais on le prononce au singulier et dans le sens de *perte, désavantage : Ce général a éprouvé plusieurs échecs.*

ÉCHEVETTE, s. f., *B.* Dites *petit écheveau* ou *botte de fil.*

ÉCHIFFE, s. f., *B.* Petit éclat de bois qui entre dans la chair. Dites *écharde.*

ÉCHIGNER (S'), v., *B.* Il *s'échigne* pour des gens qui ne lui en savent aucun gré. Dites *s'échiner* et *il s'échine.*

ÉCHO, s. m., **ÉCOT**, s. m., *Par.* L'*écho* est un son répercuté. L'*écot* est une part à payer dans un repas de corps.

ÉCLAIRER QUELQU'UN. Marcher, se tenir auprès de quelqu'un avec de la lumière, afin qu'il y voie clair. L'Académie admet cette expression ; elle remarque qu'on disait autrefois *éclairer à quelqu'un*. On le dit encore, et l'on a raison de le dire, car le sens évident de cette locution, c'est *éclairer à quelqu'un un passage, un corridor, un escalier*, et non pas *l'éclairer lui-même*.

ÉCLANDRE (UNE), *B.* et *Sol.* Dites *un esclandre.*

ÉCLOPES, s. f., *B.* Eclats ou morceaux de bois que la hache ou le rabot enlèvent du bois que l'on travaille. Dites *copeaux.*

ÉCLAT BRILLANT, *Pl.* Voy. BRILLANT ÉCLAT.

ÉCONOMER, v., *B.* Administrer avec économie. Dites *économiser.*

ÉCORCE. Voy. CORSE.

ÉCOSSE. Voy. COSSE.

ÉCOT. Voy. ÉCHO.

ÉCOUPEAUX, s. m., *B.* Lames de bois enlevées par le rabot. Dites *des copeaux.*

ÉCRÉVISSE, s. f., *B.* Écrivez et prononcez *écrevisse.*

ÉCRITURE DE MAIN, **ÉCRITURE A LA MAIN**, sont de mauvais pléonasmes. Dites : *Voilà une belle écriture.* Il est bien entendu que les caractères sont tracés à la main. Ces derniers mots ne doivent être ajoutés que quand il y a quelque indécision à détruire : « *Cette page est-elle gravée ?— Non, elle est écrite à la main.* » Ces derniers mots sont bien placés ici.

ÉCROULER (s'). Voy. ÉBOULER (s').

ÉCUME DE MER (PIPE D'), *L. v.* Dites *pipe de Cummer*, du nom de celui qui en a fait le premier.

ÉCURER. Voy. CURER.

ÉDUQUER, v. Ancien mot français, aujourd'hui hors d'usage, quoique notre mot *éducation* s'y rattache. On dit *élever.*

EFFILER. Voy. AFFILER.

EFFRACTION, s. f., **INFRACTION**, s. f., *Par.* L'*effraction* est le bris, la rupture de quelque chose : un vol est commis *avec effraction*, quand le voleur a, pour le commettre, brisé une porte, une fenêtre, etc. L'*infraction* est la violation d'une loi, d'un règlement : *C'est une infraction au règlement*, c'est-à-dire qu'on a enfreint le règlement en quelque chose.

ÉGALER, v., **ÉGALISER**, v., *Par.* Ce dernier mot était regardé comme un barbarisme du temps de Voltaire, qui le blâmait, non-seulement comme barbare, mais surtout comme inutile. Il s'est depuis introduit dans la langue; mais, malgré les différences que les grammairiens ont voulu établir entre ces deux mots, il est difficile de trouver pour le second un sens que le premier n'ait pas. L'Académie veut qu'*égaliser* ne se dise que des choses.

ÉGALISER. Voy. ÉGALER.

EGNIME, s. f., *B.* Chose à deviner. Dites *une énigme.*

ÉGRAFIGNER, v., **ÉGRAFIGNURE**, s. f., *B.* Dites *égratigner*, *égratignure.*

EILLET, s. m., *B.* Fleur odoriférante très-connue. Écrivez *œillet* et prononcez *œuillet*, comme *œil*, dont il est un diminutif.

ELEXIR, s. m., *B.* Dites *élixir.*

ELTON (FIL D'), *B.* Dites *fil de laiton.*

EMBARBOUILLER, v., *B.* Dites *barbouiller.*

EMBARBOUILLER (s'), v. Dites *se barbouiller* : cet enfant *s'est barbouillé* en mangeant des confitures. Si le mot est pris au figuré, comme dans cette phrase : Cet avocat *s'est embarbouillé* dans ses discours, dites qu'il *s'est embrouillé.*

EMBARLIFICOTER (s'), *B.* C'est le même que le mot *emberlicoter* qu'on trouvera plus bas, allongé encore d'une syllabe parasite. — Voy. EMBERLICOTER.

EMBARRAS (FAIRE **SON** OU **SES**), *L. v.* Dites de quelqu'un qui se croit trop important et veut occuper tout le monde de lui : *Il fait bien de l'embarras*, et non pas *ses embarras.*

EMBAUCHOIR, s. m., **EMBOUCHOIR**, s. m., *Par.* Ces deux mots sont admis par l'Académie, le dernier dans le sens d'*embouchure*, 1° pour ce qu'on *embouche* ou qu'on met à la bouche, comme l'*embouchoir* d'un cor, d'une trompette; 2° pour une sorte de forme en bois que l'on met dans les bottes pour les empêcher de prendre de faux plis ou de se rétrécir. Ce sens vient évidemment de ce qu'on compare l'ouverture supérieure des bottes à une bouche dans laquelle on fait entrer ces pièces de bois. Dans cette dernière signification, l'Académie admet aussi *embauchoirs.* Mais ce mot, qui ne peut se rapporter qu'à *embaucher*, est si loin de toute analogie avec ce qu'on veut dire, qu'il est bien difficile de ne pas préférer *embouchoir.*

EMBERLICOTER, v., **EMBERLICOTER** (s'), v., *B.* S'embarrasser. Dites *s'emberlucoquer.* Voy. EMBARLIFICOTER.

EMBÊTER, v., **EMBÊTER (S')**, v., *L. v.* et *B.* C'est-à-dire *rendre bête* ou *devenir bête* par ennui. Le mot n'est pas français ; il faut prendre *ennuyer* ou *s'ennuyer*, si l'on veut exprimer l'ennui : *je m'ennuie*, *il m'a bien ennuyé*; et *hébéter* ou *abêtir*, si l'on veut exprimer la lassitude ou même l'anéantissement de l'intelligence.

EMBOIRE. Voy. BOIRE.

EMBOTTER, v., *B.* Enfoncer dans la boue. Employez cette dernière périphrase, car *embotter* n'est pas français. Ce mot a été tiré mal à propos du nom de *bottes*, donné à la terre qui s'attache aux souliers quand on marche dans un terrain *gras*. On dit alors qu'on *prend des bottes*, c'est-à-dire que les semelles, y compris la terre qui s'y attache, deviennent comme des semelles de bottes. C'est une expression figurée que tout le monde comprend, mais qui ne peut motiver la création du composé *embotter*.

EMBROUILLAGE, s. m., *B.* Embarras, confusion. Dites *embrouillement*.

EMBROUILLAMINI, s. m., *B.* Même sens que le précédent. Dites *du brouillamini* ou *de l'embrouillement*.

ÉMERSION, s. f., **IMMERSION**, s. f., *Par.* L'*émersion* se dit d'une planète qui, après avoir été cachée par une autre, sort de derrière elle et paraît à nos regards : *l'émersion* des satellites de Jupiter, *l'émersion* d'une étoile éclipsée par la lune. — L'*immersion* est d'abord l'action par laquelle on plonge un corps dans un liquide ; et, en terme d'astronomie, c'est l'entrée d'une planète dans l'ombre d'une autre.

ÉMINENCE (VOTRE) **L'EMPORTE SUR TOUS LES AUTRES CARDINAUX**, *Sol.* Dites *l'emporte sur toutes les autres*. Voy. MAJESTÉ.

ÉMINENT, adj., **IMMINENT**, adj., *Par. Éminent* signifie *haut*, *élevé*, *excellent* : C'est un homme *éminent*, il a des qualités *éminentes*. *Imminent* veut dire *menaçant* : le *péril* était *imminent*.

EMMOURACHER (S'), v., *B.* Devenir amoureux. Dites *s'amouracher*.

EMPAN. Voy. ARPENT.

EMPARENTÉ, adj., *B.* Qui a des parents. Dites *apparenté*. — Il est bien *apparenté*, c'est-à-dire il appartient à une bonne famille.

EMPHASÉ (DISCOURS), *B.* Celui qui est composé ou prononcé avec emphase. Dites *emphatique*.

EMPLATRE, s. m., **PLATRE**, s. m., *Par.* Un *emplâtre* est un remède topique qu'on applique à demeure en certains endroits du corps. Le *plâtre* est de la chaux sulfatée cuite qu'on réduit en poudre à force de frapper dessus avec des fléaux. On dit de quelqu'un qu'*il a été battu comme plâtre. Battu comme emplâtre* n'a pas le sens commun.

EMPLATRE (**UNE**), *Sol.* — *Emplâtre* était autrefois du féminin; d'où vient que plusieurs personnes lui donnent encore ce genre. Mais il est masculin aujourd'hui.

ÉMUER, v., **ÉMUÉ**, part., *B.* Dites *émouvoir, ému.*

EN. Il avait de bonnes troupes, *il en a gagné la bataille.* Dites *avec elles* ou *avec lesquelles* il a gagné la bataille. *En* veut dire *de cela* et non *avec cela.*

EN. *Du philosophe* et *de l'écrivain*, je n'*en* fais pas grand cas (Saint-Évremond), *Pl.* Dites *quant au philosophe et à l'écrivain; en* avec *du* fait un pléonasme blâmable.

EN ALLER (LAISSEZ-LE), *Sol.* Dites *laissez-le s'en aller.*

EN CONCLURE DE LA (IL FAUT), *Pl.* Dites *il faut en conclure* ou *il faut conclure de là* : *en* et *de là* signifient ici la même chose.

EN JOUIR DES FRUITS (IL NE PEUT). Dites : *Il ne peut en recueillir les fruits. En* ne doit jamais être le complément d'un complément indirect.

EN et **DONT.** Voy. DONT, EN.

ENCHIFERNÉ, adj., *B.* Vieux mot qu'on trouve dans les opuscules de Dangeau sur la grammaire. On dit aujourd'hui *enchifrené.*

ENFANTISE, s. f., *B.* Discours, manières qui ne conviennent qu'à des enfants. Dites *enfantillage.*

ENFATUÉ DE SA PERSONNE, *B.* Dites *infatué.*

ENFLAMMATION, s. f., *B.* Dites *une inflammation.*

ENFLE, adj., *B.* J'ai la main *enfle.* Dites *enflé*, *enflée.*

ENFORCIR, v., **RENFORCER**, v., *Par.* Ces deux mots signifient une augmentation de force; mais *enforcir*, qui ne se dit guère des personnes, veut dire *rendre plus fort* et *devenir plus fort :* Ce cheval *enforcit* tous les jours. — *Renforcer* veut dire *fortifier, rendre plus fort : Renforcer* des troupes, *renforcer* le quartier d'un soulier, *renforcer* sa voix.

ENFUIR (s'). Aux temps composés, dites *ils se sont enfuis* comme *ils se sont emportés*, *ils se sont enfermés*, etc. Ici, en effet, la préposition fait corps avec le mot, et l'on ne doit pas l'en séparer, comme dans *ils s'en sont allés*, *ils s'en sont repentis* (Voy. ALLER). L'expression *ils s'en sont fuis*, usitée dans l'ancien français lorsqu'on écrivait en trois mots *s'en fuir*, ne l'est plus de nos jours.

ENGAGER DE, *Sol.* Ne dites pas *je m'engage de vous servir*, mais *je m'engage à vous servir ;* ni *il m'a engagé de venir*, mais bien *à venir*. *Engager* prend la préposition *à* devant son complément.

ENGARIER (S') DANS UNE MAUVAISE AFFAIRE, *B.* Dites *s'engager*.

ENGENCER, V., **ENGENCEMENT**, S. m., *B.* Manière d'arranger les choses. Dites *agencer, agencement*.

ENGUEUSER, V., *B.* Séduire par de belles paroles. Dites *emboiser, embabouiner, enjôler*.

ÉNIVRER, V., *B.* Écrivez et prononcez *enivrer*.

ENLÈVE, S. f., *B.* Espèce de cuiller de bois à long manche dont on se sert, au jeu de mail, pour lever la boule et la faire passer dans la passe. Dites *la lève*.

ENNOBLIR. Voy. ANOBLIR.

ÉNORGUEILLIR (S'), V., *B.* Avoir ou prendre de l'orgueil. Écrivez *enorgueillir*, et prononcez *en-nor* et non pas *é-nor*.

ENREINIÈRES (LES), S. f., *B.* Douleurs de reins. Employez cette dernière périphrase ou le mot technique *lumbago*. *Enreinières* n'est pas français.

ENSEIGNÉ (UN ENFANT BIEN), *L. v.* Dites *un enfant instruit*. *Enseigner*, avec un complément direct, se dit plutôt des choses que des personnes : *enseigner la grammaire, les mathématiques*. Cependant on dit bien *enseigner la jeunesse*.

ENTER, V., **HANTER**, V., *Par.* *Enter* c'est greffer : *enter un arbre*. *Hanter*, dont l'*h* s'aspire, c'est fréquenter : *hanter la bonne compagnie*.

ENTER DES BAS, *L. v.* Les raccommoder en ajoutant quelque chose. Dites *remonter*.

ENTIÈRÉMENT, adv., *B.* Écrivez et prononcez *entièrement*.

ENTREFAITE (SUR L'). Dites plutôt *sur les entrefaites, dans ces entrefaites*. Le singulier est peu usité, quoique l'Académie l'autorise.

ENVERGER, V., **ENVERGUER**, V., *Par.* *Enverger*, c'est garnir de petites branches ou verges d'osier. *Enverguer*, c'est attacher les voiles aux *vergues* des vaisseaux ; de là vient le mot d'*envergure*. C'est, au propre, la longueur des vergues d'un bâtiment, l'espace que peuvent occuper les voiles. C'est aussi, par analogie, l'étendue qu'il y a entre les deux extrémités des ailes déployées d'un oiseau : Le condor a, dit-on, jusqu'à huit mètres *d'envergure*.

ENVERGUER. Voy. ENVERGER.

ENVI (A L'), **ENVIE** (A L'), *Par.* Ces deux mots ne doivent pas être confondus; le dernier a le sens substantif : Cet artiste est en butte *à l'envie*. Le premier a un sens adverbial; il veut dire avec émulation : Ces deux enfants travaillent *à l'envi*.

ENVIE (A L'). Voy. ENVI (A L').

ENVIRON, adv. On ne doit pas dire : Il y a *environ deux ou trois cents francs* dans ce sac. Il faut dire, selon l'idée qu'on veut exprimer : Il y a *environ trois cents francs* dans ce sac, ou Il y a *deux ou trois cents francs* dans ce sac.

ENVIRON DE DIX MILLE HOMMES (L'ARMÉE ÉTAIT), *Sol.* Dites : L'armée était *d'environ dix mille hommes*, ou *de dix mille hommes environ*. On cherche à rapprocher *environ* du nombre qu'il doit modifier; on évite de l'en séparer par la préposition *de*.

ENVISAGER. Voy. DÉVISAGER.

ÉPICACUANA, s. m., *B.* Dites *ipécacuana*.

ÉPURER. Voy. APURER.

ÉQUEVILLES (DES), s. f., *B.* Ordures qu'on ôte avec le balai. Dites des *balayures*.

ÈRE. Voy. AIR.

ÉRÉSIPÈLE, s. m. Maladie inflammatoire de la peau. L'Académie fait sur ce mot l'observation suivante : « On disait autrefois *érysipèle*, ce qui était conforme à l'étymologie. » Malgré la préférence qu'on doit accorder à cette dernière forme, l'autorité de l'Académie fait qu'aujourd'hui *érésipèle* n'est pas considéré comme une faute. — *Une érésipèle*, solécisme très commun. Il faut dire *un*.

ERGO. Voy. ARGOT.

ERGOT. Voy. ARGOT.

ERRE. Voy. AIR.

ERRHES, s. f., *B.* Dites *arrhes*.

ERRIÈRE (EN), *B.* Dites *en arrière*.

ÉRUPTION, s. f., **IRRUPTION**, s. f., *Par.* L'*éruption* est une sortie prompte et avec effort : l'*éruption d'un volcan*; il se dit en médecine d'une évacuation subite et abondante de sang, de pus, de vents, etc., et de la sortie d'une multitude de taches, de boutons, etc., qui paraissent à la peau : l'*éruption de la* *petite vérole.* — L'*irruption* est l'entrée violente et subite des ennemis dans un pays.

ESCALIERS (MONTER, DESCENDRE LES). Il est plus régulier de dire avec le singulier : monter, descendre *l'escalier ;* parce que l'escalier se dit de toute la suite des degrés ou marches par lesquels on monte ou descend. Toutefois le pluriel est usité aussi ; et les raisons que donnent les grammairiens pour le faire rejeter, sont loin d'être péremptoires.

ESCLOPPÉ, adj., *B.* Qui a quelque infirmité qui l'empêche de marcher. Dites *écloppé.*

ESCOUSSE, s. f., **SECOUSSE**, s. f., *Par.* La *secousse* est un mouvement subit et momentané imprimé. Il faut donc dire *prendre son escousse* pour mieux sauter, et non pas *sa secousse.* Au reste, on dit plus souvent *prendre son élan.*

ESPADRON, s. m., *B.* Large épée. Dites *espadon.*

ESPATULE, s. f., *B.* Instrument de chirurgie et de chimie. Dites *spatule.*

ESPRESSION, s. f., **ESPRIMER**, v., *B.* Dites *expression, exprimer,* et de même dans tous les mots où l'*x* se trouve devant une autre consonne.

ESQUELETTE (UN), *B.* Dites *un squelette.*

ESQUILANCIE, s. f., *B.* Inflammation de la gorge. Dites *esquinancie.*

ÉTANG, s. m., **ÉTANT**, *Par. Étant* est le participe présent du verbe *être ;* un *étang* est un amas d'eau sans écoulement au dehors.

ÉTANT. Voy. ÉTANG.

ÉTEINTE DE VOIX, *B.* Dites *une extinction.*

ÉTIRÉ A QUATRE ÉPINGLES, *B.* Dites *tiré à quatre épingles* en parlant d'une personne ajustée avec affectation.

ÉTISIE. Maigreur, consomption. Dites plutôt *phthisie.* C'est le mot le plus usité aujourd'hui, quoiqu'on appelle toujours *étique* celui qui est très-maigre.

ÉTOUFFOIR, s. m., *L. v.* Instrument en forme de cône creux pour éteindre la chandelle. Dites *éteignoir.* Le mot *étouffoir* ne doit s'entendre que d'une boîte ordinairement en tôle, fermée exactement par un couvercle, où l'on met la braise ardente que l'on veut étouffer.

ÉVANGILE (LA PREMIÈRE), *Sol.* Dites *le premier évangile.* Ce mot est masculin.

ÉVENTAIRE, s. m. Voy. INVENTAIRE.

ÉVIER, s. m., **LEVIER**, s. m., *Par.* L'*évier* est un conduit pour les eaux d'une cuisine; c'est la pierre creusée où on lave la vaisselle. Le *levier* est une barre de bois ou de fer propre à remuer les fardeaux.

ÉVITER UNE PEINE A QUELQU'UN, *L. v. Éviter,* c'est esquiver, fuir quelque chose de dangereux ou de désagréable. On évite pour soi-même; on ne peut pas *éviter à un autre.* Dites donc : *Je veux vous épargner des recherches*, et non *vous éviter des recherches.* Cette dernière locution est barbare.

EXAUCER, V., **EXHAUSSER**, V., *Par. Exhausser,* c'est élever, porter plus haut : *exhausser un mur, une maison.* — *Exaucer,* c'est écouter favorablement une demande et l'accorder : *Dieu exaucera vos vœux.*

EXCELLENCE (VOTRE) **EST LA PREMIÈRE** OU **LE PREMIER DES MINISTRES, LA PRÉSIDENTE** OU **LE PRÉSIDENT DES MINISTRES**, etc., *Sol.* Mauvaises phrases qui ne sont pas françaises parce qu'elles sont absurdes. —Voy. MAJESTÉ.

EXCEPTÉ QU'IL SOIT MALADE (IL VIENDRA), *Sol.* Dites *à moins qu'il ne soit malade. Excepté que* est un solécisme.

EXCESSIVEMENT BEAU, JOLI, AGRÉABLE, *L. v.* Dites *extrêmement. Excessivement* est l'adverbe d'*excessif.* Il ne peut s'appliquer à une qualité qu'on regarde actuellement comme bonne.

EXCUSE (**DEMANDER**), *L. v.* On dit *faire ses excuses* et non pas *demander excuse.* Ce barbarisme vient de la confusion avec le mot *demander pardon.* D'autres personnes font la faute inverse; elles disent, par exemple, *faites excuse,* au au lieu d'*excusez-moi.* Ce sont autant de barbarismes dans la phrase.

EXHAUSSER. Voy. EXAUCER.

EXTRÉMÉMENT, adv., *B.* Écrivez et prononcez *extrêmement.*

F

FACHÉ A VOUS (JE SUIS), *Sol.* On est *fâché d'une* chose, ou *fâché contre* une personne. *Fâché à quelqu'un* est un solécisme.

FACIÉ, adj., *B.* Qui a une belle face : *Cet homme est bien facié.* Dites *facé.*

FAÇONNEUR, EUSE, *B.* Qui fait trop de façons; ce mot n'est pas français. Dites *façonnier, nière.*

FAÇONNEUX, adj., *B.* Qui fait des façons. Dites *façonnier.*

FAIOTS, *B.* Terme populaire pour dire les *haricots.* Prenez ce dernier mot.

FAIRE DES DENTS. On a souvent donné cette expression comme n'étant pas française. L'Académie l'admet dans la dernière édition de son Dictionnaire, et avec raison, puisqu'il est très-naturel d'appliquer à l'enfant lui-même le travail de la dentition, quoiqu'il ne dépende pas de sa volonté.

FARAUD (UN), *B.* Un homme de peu de valeur, mis avec élégance. Dites *un élégant*, un *mirliflore.* (L'Académie écrit ce dernier nom avec un *e* muet; je l'avais toujours vu écrit sans *e.*)

FARBALA, s. m., *B.* Espèce de bande plissée, mise comme ornement. Dites *falbala.*

FARCE, adj. *L. v.* Dites *farceur, plaisant, drôle. Farce* est un substantif; c'est le nom des pièces composées de plaisanteries triviales réunies sans choix pour faire rire la populace; on applique aussi ce nom à de mauvaises plaisanteries, de mauvais tours faits pour rire, à quelqu'un dont on se moque. L'homme qui aime à faire ou à jouer ces farces est un *farceur :* la pièce elle-même ou le tour sont *drôles* ou *plaisants.*

FASOLET, s. m., **FLAGEOLET**, s. m., *Par. Fasolet*, diminutif de *fasol* ou *faséol*, venu du latin *phaseolus*, et qu'on trouve dans nos anciens auteurs pour signifier *haricot; flageolet*, petit instrument à vent. Les premiers haricots écossés sont donc des *fasolets* et non des *flageolets,* comme disent nos marchandes. Évitez ce dernier mot, qui d'ailleurs n'est pas admis par l'Académie.

FAUTE, **UNE FAUTE**, *Par. Faute*, pris absolument, signifie le manque, le défaut, l'absence : Il est mort, *faute de secours*, *faute* d'avoir été saigné à temps; il a mal fait son devoir, *faute d'attention. Faute,* précédé de *une* ou *la,* signifie *erreur*, *vice*, chose blâmable ou répréhensible, et *de*, qui le suit, indique la cause ou la catégorie : C'est *une faute d'*écolier; *une faute d'*orthographe ou de style; *une faute d'*inattention. Il ne faut pas dire dans ce dernier sens que c'est *une faute d'attention*, car l'attention ne fait pas faire de fautes; il ne faut pas dire non plus qu'un élève s'est trompé *faute d'inattention,* car cela ferait entendre que l'inattention lui a manqué, et l'on veut dire précisément le contraire.

FENER, v., *B.* Retourner l'herbe pour qu'elle sèche et devienne foin. Dites *faner*. Dites de même *faneur* et non *feneur*. On fait quelquefois ces barbarismes, parce que le temps de couper les foins s'appelle également *fanaison* et *fenaison;* mais *fener* et *feneur* ne sont pas français.

FENIÈRE, s. f., *B*. Lieu où l'on serre le foin à la campagne. Dites *fenil*. *L* est muette à la fin de ce mot.

FER A CHEVAL, FER DE CHEVAL, *Par*. *Fer à cheval* est un terme général, qui exprime surtout la forme d'un cercle non terminé, qu'on donne aux fers des chevaux; *Disposer une table en fer à cheval*. — Le *fer de cheval* est le fer que l'on met aux pieds du cheval.

FERLATER DU VIN, *B*., y mettre des drogues. Dites *frelater*.

FERMER LE LINGE, *L. v.*, Dites le *serrer* ou tout au plus l'*enfermer*.

FERRATIER, s. m., *B*. Celui qui vend du fer. Dites *ferronier* ou *marchand de fer*.

FÊTE-A-DIEU, *L. v.* Dites *Fête-Dieu*. La construction pleine serait *fête de Dieu;* car c'était une règle dans notre ancienne langue de retrancher la préposition *de* entre deux substantifs accouplés : *les frères le roi* pour *du roi; hôtel-Dieu* pour *de Dieu*.

FIAGEOLET, s. m., *B*. Petit instrument à vent. Dites *flageolet*.

FIÉFAIT, adj., *B*. Cet écolier est un paresseux *fiéfait*. Dites *un paresseux fieffé*, c'est-à-dire un paresseux au plus haut degré. Ce mot est le participe du verbe *fieffer*, qui signifiait *donner un fief*, et, par une conséquence toute naturelle, *distinguer, faire remarquer*.

FIGNOLER, v., *B*. Expression populaire. Dites *faire l'élégant*.

FIL CARRÉ, *L. v.* Fil avec lequel on fabrique les cordages. Dites *fil de caret*.

FILAGRANE, s. m., *B*. Dites *filigrane*.

FILOSEILLE, s. f., *B*. Dites *filoselle*, et voyez ce mot à l'article suivant.

FILOSELLE (DU), *Sol*. Dites *de la filoselle*. C'est une grosse soie provenant de la bourre de la bonne soie et des cocons de rebut.

FINE (VOUS AVEZ PRIS CETTE **BILLE TROP**), *Sol*. Dites *trop fin*. *Fin* est ici pris adverbialement pour *finement*, c'est-à-dire vous ne l'avez pas frappée assez en plein. La bille n'est ni trop, ni pas assez fine; elle est ronde comme toutes les billes.

FINIR (IL FAUT EN). Quelques grammairiens disent qu'il y a ici un solécisme, parce que *finir* prend un complément direct, et qu'on ne dit pas *finir de quelque chose.* Cette raison n'est pas péremptoire : on *finit de* la tapisserie comme on *en fait*, comme on *prend du* tabac. Le *de* est pris ici dans le sens partitif, et le complément reste direct malgré la préposition, et on dit *il faut en finir* comme *il faut en prendre*, et comme *il en a reçu.*

FIXÉMENT (REGARDER), *B.* Dites *fixement*, avec un *e* muet.

FIXER, v. On dit *fixer les yeux sur quelqu'un*, c'est-à-dire les rendre fixes; on dit aussi *fixer quelqu'un* pour l'attacher définitivement; mais *fixer quelqu'un* pour *le regarder fixement*, est un barbarisme de phrase.

FLAGEOLET. Voy. FASOLET.

FLAIRER, v., **FLEURER**, v., *Par. Flairer*, c'est aspirer une odeur pour la sentir. *Fleurer*, c'est répandre une odeur à la manière des fleurs : *cela fleure bon*, et non pas *cela flaire bon.*

FLAMOUCHES (LES) D'UNE CHANDELLE, s. f., *B.* Dites *les flammèches.*

FLAN, s. m., **FLANC**, s. m., *Par.* Le *flan* est un mets formant pâte, où les œufs entrent pour beaucoup : *manger du flan.* C'est aussi une pièce ronde de métal destinée à devenir une pièce de monnaie, mais qui n'est pas encore frappée. Le *flanc* est la partie de l'homme ou des animaux comprise entre les hanches et les dernières côtes.

FLANC. Voy. FLAN.

FLANC-ÉTRIER (COURIR A), *L. v.* Courir la poste à cheval. Dites *à franc étrier.*

FLANQUER, v., **FLAQUER**, v., *Par. Flanquer* est un terme d'architecture militaire; il se dit de la partie d'une fortification qui a vue sur une autre, et qui lui sert de défense. *Flaquer*, c'est jeter avec impétuosité de l'eau ou tout autre liquide contre quelqu'un ou contre quelque chose. M. Munier conjecture, avec beaucoup de vraisemblance, que l'expression populaire *flanquer un soufflet à quelqu'un* est une expression corrompue; que le véritable mot est *flaquer un soufflet.*

FLANQUETTE (A LA BONNE), *B.* Dites *à la bonne franquette. Flanquette* est un barbarisme.

FLAQUER. Voy. FLANQUER.

FLAU, s. m., *B*. Instrument à battre le blé. Dites *fléau*.

FLEUR D'ORANGE. Quelques puristes affectent aujourd'hui de dire *fleur d'oranger*, parce que, prétendent-ils, l'oranger seul a des fleurs; l'orange n'en a pas. Cette raison n'est pas bonne. La préposition *de* indique une relation de cause à effet aussi bien que d'effet à cause, de contenant à contenu, aussi bien que de contenu à contenant. On dit *la serrure de cette clef* comme *la clef de cette serrure*, et la fleur de l'orange est la fleur d'où sort l'orange, aussi bien que la fleur de l'oranger est celle qui vient sur l'oranger. Voilà pour le raisonnement. En fait, l'expression *fleur d'orange* est la vraie expression française; c'est celle que l'Académie admet, avec beaucoup de raison, dans son Dictionnaire. Cela ne veut pas dire que *fleur d'oranger* ne soit pas français : il l'est sans doute dans le style didactique; un médecin, un pharmacien peuvent l'employer. Mais, dans le style élégant, c'est toujours *fleur d'orange*.

FLEURER. Voy. FLAIRER.

FLEURS, s, f., **FLUEURS**, s. f., *Par*. Les médecins appellent *flueurs*, du latin *fluo*, qui signifie *couler*, certains écoulements d'humeurs. Le vulgaire en a fait des *fleurs*.

FLON (DU), *B*. Petite tarte composée de farine, de lait, d'œufs et de beurre. Dites *du flan*.

FLOTTE DE FIL OU DE SOIE, *L. v*. Dites *écheveau*, *botte* de fil, de soie; ou *pelote*, si le fil ou la soie ont été pelotés.

FLOUER, v., *B*. Tromper quelqu'un en lui causant quelque dommage. C'est le même sens que *gourer*, et l'un de ces mots n'est pas plus français que l'autre.

FLUEURS. Voy. FLEURS.

FOIGNES (DES) DE RAVES, DE CAROTTES, *B*. Dites *des fanes*.

FOIS. Nom féminin. *Une fois pour toutes*. C'est un solécisme de dire *une fois pour tout*.

FONCER UNE PORTE, *L. v*. Dites *enfoncer* une porte. *Foncer*, c'est mettre un fond : *foncer un tonneau*.

FORCÉ MALGRÉ LUI DE.... (IL FUT), *Pl*. Dites *il fut forcé*. C'est toujours malgré soi qu'on est forcé.

FORONCLE, s. m., *B*. Bouton enflammé et douloureux, souvent appelé *clou*. Dites *furoncle*.

FORTUNÉ, adj. Ce mot ne veut pas dire qui a de la fortune, mais qui est favorisé de la déesse mythologique qu'on appelait la Fortune. Dites donc d'un homme qu'il est *riche* et non pas *fortuné*.

FOURCHÉ, adj., **FOURCHU**, adj., *Par. Fourché* est le participe de *fourcher*, qui signifie *se partager, se diviser*. Un chemin *fourche* quand il se divise en deux; quelques animaux ont le *pied fourché*, c'est-à-dire divisé ou fendu en deux. *Fourchu* est un adjectif qui a le même sens que *fourché*, mais qui s'emploie dans certaines locutions, comme *menton fourchu*, *barbe fourchue*, *faire l'arbre fourchu*, pour mettre la tête en bas, les pieds en haut, écartés l'un de l'autre.

FOURCHU. Voy. FOURCHÉ.

FRACTURER, verbe tiré de *fracture*, mais qui ne vaut pas mieux que *peinturer*, *brûlurer*, etc.; il n'est français qu'en terme de chirurgie. Ailleurs, dites *briser*, *rompre*, *forcer*, etc.

FRANCHIPANE, s. f., *B.* Pâtisserie composée de crème, d'amandes, etc. Dites *frangipane*.

FRAPOUILLES (DES), s. f., *B.* Dites *des chiffons*, *de la drille*; et de même, *un chiffonnier* au lieu d'*un frapouilleur*. Ce dernier mot est peut-être pour *farfouilleur*, parce que les chiffonniers cherchent les chiffons en *farfouillant* dans les tas d'ordures. Au reste, ni l'un ni l'autre de ces mots n'est français; seulement *farfouilleur* se rapporte à *farfouiller*, tandis que *frapouilleur* ne se rapporte à rien, non plus que *frapouille*, qui en est peut-être tiré.

FRICOT, s. m., *B.* Ce qu'on mange avec son pain. Cette expression populaire n'est pas française. Dites *ragoût*.

FRILLIEUX, adj., *B.* Qui craint le froid. Dites *frileux*.

FRINGALE, s. f., Une faim subite qu'on ne peut rassasier. Quoique l'Académie admette ce mot en faisant remarquer qu'il est familier, il vaut mieux dire la *faim-valle*.

FRISQUIN, s. m., *B.* Ce qu'un homme a d'argent, de nippes. Dites *frusquin* : Il a perdu son *frusquin*. Ce terme est populaire.

FRISSURE, s. f., *B.* Réunion du cœur, du foie et de la rate, chez quelques animaux : une *frissure d'agneau*. Dites *fressure*.

FROIDIR, v., **REFROIDIR**, v., *Par.* Le second mot est l'itératif du premier; il ne devrait être employé que dans ce sens. C'est donc très-bien parler que de dire *votre bouillon froidit; ne laissez pas froidir le dîner*. On dit plus souvent aujourd'hui *refroidir*, mais ce mot, quoique moins juste, peut s'expliquer aussi, parce que le dîner ayant été froid avant d'être chauffé, on peut dire qu'il *refroidit* quand il perd la chaleur que le feu lui a communiquée.

FUMANT (ÔTER LE) D'UNE CHAUFFERETTE, *L. v.* C'est-à-dire un morceau de charbon qui fume. Dites *le fumeron.*

FUR (AU) ET A MESURE. Expression très-usitée qui signifie *à mesure* et *à proportion*, non-seulement pour l'ensemble, mais pour les parties : Apportez-moi votre ouvrage, je vous payerai *au fur* et *à mesure* de ce que vous apporterez. Conçoit-on qu'un grammairien ait dit, de sa grâce, qu'il ne fallait pas employer cette expression, qu'il fallait dire *à mesure* tout simplement? C'est un exemple des erreurs où peuvent nous entraîner par leurs fausses règles ceux qui n'ont pas suffisamment étudié la langue française.

FUTE (UNE), *B.* Un tonneau. Dites *un fût*, sans *e* final : de vieux *fûts.*

G

GABEGIE, s. f., *B.* Dites *vol*, *malversation*, *fraude.* *Gabegie* n'est pas français, quoique fort usité.

GABOUILLER, v., **GABOUILLAGE**, s. m., *B.* Agiter de l'eau sale. Ces deux mots ne sont pas français; c'est *gargouiller* qu'il faut dire, en parlant surtout des petits garçons qui barbotent dans l'eau.

GACER LE VIN, *B.* Le remuer, l'agiter dans une bouteille. Ce mot n'est pas français; il est probablement pour *agacer : N'agacez pas le vin.* Mais *agacer* n'est pas non plus français dans ce sens.

GADOIS, s. m., *B.* Celui qui transporte les matières fécales. Dites *gadouard.*

GALANDAGE, s. m., *B.* Muraille en charpente ou en briques. Dites *une cloison.*

GAMACHE, s. m., **GANACHE**, s. f., *Par. Gamache* est un personnage du roman de *Don Quichotte*, célèbre par la magnificence de ses noces; de là vient le mot *noces de Gamache*, pour dire des fêtes, des repas où l'on a tout richement et abondamment. La *ganache* est proprement la mâchoire inférieure du cheval, et on applique familièrement ce terme à un homme qu'on regarde comme sans esprit : *C'est une ganache.* Je n'ai pas besoin de dire combien la confusion de ces deux paronymes devient ridicule.

GAMBILLE, s. m., *L. v.* Pour désigner quelqu'un qui boite en marchant. Dites *un boiteux. Gambiller* est un verbe et non un substantif; il se dit surtout des petits enfants qui remuent les jambes quand on les met sur leur lit ou sur un tapis. Il n'y a donc aucune analogie entre le sens véritable du mot et ce qu'on veut lui faire signifier.

GANACHE. Voy. GAMACHE.

GANDOUSE, s. f., *B.* Les matières fécales. Dites la *gadoue.*

GANIF, s. m., *B.* Petit couteau à tailler des plumes. Dites *canif.*

GARANDAGE, s. m., *B.* C'est le même mot que *galandage*. Dites *cloison.*

GARDE A (PRENDRE), et **PRENDRE GARDE DE**, *Par. Prendre garde à* se prend surtout avec un substantif pour complément : *Prenez garde à ce cheval*, *à ce fossé.* Avec un verbe on met plutôt *de : Prenez garde de tomber*, *prenez garde de vous brûler.* Quand on met *à* dans ces phrases, c'est pour indiquer ce qu'il faut faire et non ce qu'il ne faut pas faire : *Prenez garde à ne pas tomber*, *prenez garde à bien conserver votre équilibre*, *prenez garde à bien sauter.*

GARENNE (EN), *L. v.* En parlant des marchandises ou des hardes qui ne sont point arrangées, dites *en désordre.*

On dit aussi que des grains sont en *garenne* dans un bateau; c'est une mauvaise expression : c'est le bateau qui est chargé de grains *en grenier*, c'est-à-dire sans qu'ils soient dans des sacs.

GARGALISER (SE) LA BOUCHE AVEC DE L'EAU, *B.* Dites *se gargariser*. Ce mot, ainsi que *gargarisme*, est entièrement tiré du grec.

GARGOTER DE FROID, *B.* Dites *grelotter.*

GARNISSAIRE, s. m., *B.* Soldat qui loge chez le débiteur du gouvernement. Dites *garnisaire.*

GASTRIQUE, adj., **GASTRITE**, s. f., *Par. Gastrique* est un adjectif; il signifie qui tient ou appartient à l'estomac : *le suc gastrique*, c'est le liquide dans lequel se dissolvent et par le moyen duquel se digèrent les aliments. *Gastrite* est un nom féminin : c'est une inflammation de l'estomac, comme l'indique la terminaison *ite* qui, en termes de médecine, a toujours cette signification.

GASTRITE, s. f. Voy. GASTRIQUE.

GATE, *L. v.* Ce fruit est *gâte*. Dites qu'il est *gâté* (c'est le participe passé du verbe *gâter*), ou qu'il se *gâte*, s'il n'est pas gâté entièrement.

GAUDRON, s. m., *B.* Substance résineuse. Dites du *goudron.*

GEAI, s. m., **JAIS**, s. m., *Par.* Le *geai* est un oiseau;

le *jais* est une pierre noire susceptible d'un beau poli. Il faut dire *noir comme du jais* et non *comme un geai*, car le geai est loin d'être complétement noir ni d'un noir assez franc pour qu'on puisse le prendre comme objet de comparaison.

GÉANE, s.f., *B.* Grande femme. Dites *géante;* le masculin est *géant.*

GELURE (AVOIR UNE) **AUX MAINS**, *B.* Dites une *engelure.*

GÉMEAUX, s. m., **JUMEAUX**, adj., *Par.* Les *gémeaux* sont une constellation zodiacale placée entre le Taureau et le Cancer, qui représente Castor et Pollux, enfants jumeaux de Léda, selon la mythologie grecque. C'est de ce mot qu'on a tiré l'adjectif *jumeau*, pour désigner des enfants nés ensemble de la même mère. Ce dernier est seul français dans ce sens.

GÉNÉRANIUM, s. m., *B.* Plante. Dites *géranium.*

GENÈVRE (EXTRAIT, RATAFIA DE), *B.* Dites *genièvre*, s. m.

GENRE (FEMME DU BON), *L. v.* Pour dire une femme du grand monde, qui a les manières de la bonne compagnie. Dites *une femme du bon ton.*

GENTIE, adj., féminin de *gentil*, *B.* Dites *gentille.* Comme *l* est muette à la fin de *gentil*, on est porté à former son féminin comme si l'on écrivait *genti;* mais c'est un barbarisme.

GÉROFLE (CLOU DE), *B.* Dites *girofle*, s. m.

GIBOLÉE, s. f., *B.* Pluie soudaine, mêlée quelquefois de grêle. Dites une *giboulée.*

GICLER. v., *B.* Faire *gicler* ou *gigler* de l'eau, la faire jaillir. Ces mots, qui viennent probablement du latin *jaculari* (jeter, lancer), ne sont pas français.

GIFLE, s. f., *B.* Terme d'écolier, pour dire un coup du plat de la main sur la joue. Dites un *soufflet.*

GIFLER, v., *B.* Dites *souffleter.*

GIGAUDER, *B.* Remuer les jambes. Dites *gigotter.*

GIGIER, s. m., *B.* L'estomac dans les oiseaux. Dites *gésier.*

GIGLER, v., *B.* Voy. GICLER.

GIGOT DE MOUTON, *Pl.* Dites un *gigot.* Ce mot avait autrefois une signification plus étendue; mais aujourd'hui il signifie spécialement une cuisse de mouton destinée à être mangée. C'est donc un pléonasme de dire un *gigot de mouton*, pléonasme, du reste, qui n'a rien de déplaisant.

GIGUE DE MOUTON, *L. v.* Dites un *gigot*.

GITE, s. m. L'endroit où l'on est ou peut être placé, couché, étendu : *j'ai cent pièces de vin sur gîte*, c'est-à-dire sur le chantier. Un grammairien remarque à tort que l'Académie n'adopte point *gîte* dans cette acception : elle n'a pas à l'adopter, c'est le sens propre du mot.

GLISSADE, s. f., **GLISSOIRE**, s. f., *Par.* La *glissade* est l'acte subit et imprévu de celui qui glisse ; la *glissoire* est un chemin frayé sur la glace ou la neige durcie, et où les enfants glissent. C'est donc à tort qu'on dit que les enfants font une *glissade*, qu'ils sont sur la *glissade*, si l'on veut dire qu'ils s'amusent à *glisser* : il faut dire *glissoire* dans ce sens.

GLISSIÈRE, s. f. Chemin frayé sur la glace pour y glisser. Dites une *glissoire*.

GLISSOIRE, s. f. Voy. GLISSADE.

GOBILLE, s. f., *B.* Petite boule de pierre ou de marbre qui sert de jouet aux enfants. A Paris on dit *bille ;* cependant, il est difficile de regarder *gobille* comme un barbarisme, car il est employé presque partout en France.

GODIVIAU, s. m., *B.* Pâté composé d'andouilles, de hachis de veau et de béatilles. Dites *godiveau*.

GODRON, s. m., **GOUDRON**, s. m., *Par.* Le *godron* est une espèce de moulure relevée en forme ronde ou ovale ; le *goudron* est une matière noirâtre, liquide et gluante, que l'on tire des arbres résineux en les brûlant.

GODRONNER, v., **GOUDRONNER**, v., *Par. Godronner*, c'est faire des godrons : *godronner de l'argenterie, une coiffure, un jabot. Goudronner*, c'est enduire de goudron : *goudronner un bateau.*

GOITRE (UNE), *Sol.* Dites *un goître.* C'est une tumeur de caractère scrofuleux qui vient à la gorge.

GONGONNER, v., *B.* Se fâcher, murmurer, gronder : *Ce vieillard est toujours à gongonner.* Dites *gronder* ou *grogner*.

GOUAILLER, v., *B.* Terme populaire, pour *railler, se moquer de*. Dites *railler*.

GOUDRON, s. m. Voy. GODRON.

GOUILLE (JETER QUELQUE CHOSE A LA), *B.* Terme d'enfants. Dites *à la gribouillette.* — Voy. GRASPILLE.

GOUREAU (UN), *B.* Dites un *gobelet*, un *gobelet d'argent.*

GOURER, v., *B*. Tromper quelqu'un en lui causant quelque perte, quelque dommage : *J'ai été gouré*. Ce mot n'est pas français. Dites *j'ai été trompé*.

GOURMANDS (POIS), *L. v*. Pois que l'on mange avec la cosse. Dites *pois goulus*.

GOUSPIN ou **GOUSSEPIN**, s. m., *B*. Dites *gamin*, *galopin*.

GOUTTE D'EAU (MON FRÈRE ME RESSEMBLE COMME UNE), *L. v*. Dites : Mon frère me ressemble *comme une goutte d'eau ressemble à une autre ;* ou bien : *Mon frère et moi* nous nous ressemblons *comme deux gouttes d'eau*.

GOUVERNATION (CETTE SERVANTE A TOUT A SA), *B*. Dites *en son gouvernement*.

GRAUPOTON (SE METTRE EN), *B*. C'est-à-dire se tenir les genoux repliés. Dites *à croupetons*, c'est-à-dire d'une manière accroupie.

GRACREUSETÉ, s. f., *B*. Dites *gracieuseté*.

GRADÉ, adj., **GRADUÉ**, adj., *Par*. *Gradé* s'emploie pour qualifier les militaires qui ont obtenu un grade; *gradué* désigne ceux qui ont obtenu leurs degrés dans une université : *Il est gradué dans l'université de Paris*.

GRADUÉ. Voy. GRADÉ.

GRAILLE, s. m., *B*. Oiseau noir comme un corbeau, sorte de corbeau ou de corneille. Dites *grolle*. Ce nom a sans doute été formé à l'imitation du croassement de cet oiseau.

GRAND, **GRANDE**, adj. Ce mot est surtout placé ici à cause du féminin *grande* qui remplace l'*e* par une apostrophe dans les mots suivants : *grand' chambre* (un arrêt de la), *grand' chère* (on lui a fait), *grand' chose* (il n'a pas fait), *grand' croix* de la Légion d'honneur, *grand' erre* (aller), *grand' faim* (cet enfant a), *grand' maison* (je suis logé à la), *grand' mère*, *grand' messe*, *grand' peine* (à), *grand' peur* (il m'a fait), *grand' pitié* (il me fait), *grand' rue*, *grand' soif*, *grand' tante*. Ces solécismes sont autorisés par l'usage, et avec raison, car ce sont des restes de notre ancienne langue.

GRANDEUR (VOTRE) **EST LA PLUS INSTRUITE** OU **LE PLUS INSTRUIT DES ÉVÊQUES**, *Sol*. Mauvaise phrase. Il faut prendre une autre tournure. — Voy. MAJESTÉ.

GRANTE, adj., *B*. Mauvaise prononciation et mauvaise écriture du féminin *grande*.

GRAPIN DE POÊLE, *L. v*. Sorte de crochet pour remuer le feu. Dites *fourgon*.

GRASPILLE (JETER QUELQUE CHOSE A LA), *B.* C'est un jeu d'enfants : on jette au milieu d'une troupe quelques menus objets dont ils cherchent à se saisir. Le véritable mot est *jeter à la gribouillette.*

GRAVELÉE. Voy. CLAVELÉE.

GRAVIR UNE MONTAGNE, UN ROCHER. Dites plutôt *gravir sur une montagne*, quoique l'Académie admette aussi la première expression. *Gravir* est naturellement un verbe intransitif dont le sens est sensiblement le même que celui de *grimper*, et qui doit se construire comme lui.

GRÊLE, adj., **GRÊLÉ**, adj., *Par.* — *Grêle* (du latin *gracilis*) signifie menu, fluet, faible : *des jambes grêles, une taille grêle.* — *Grêlé* se dit au propre de ce qui a été atteint et détruit par la grêle : *des vignes grêlées.* Par extension, on l'applique à celui dont les terres ont été grêlées : *Il a été grêlé cette année;* et on le dit figurément de celui qui a fait de grandes pertes, qui a éprouvé de grands malheurs : *Il a l'air bien grêlé*, c'est-à-dire il paraît bien misérable. Ne dites pas dans ce sens : *Il a l'air bien grêle.*

GRÊLÉ. Voy. GRÊLE.

GRÉPE, s. m., *B.* Oiseau aquatique. Dites un *grèbe.*

GRÉSE (SOIE), *B.* Celle qui est tirée de dessus le cocon. Dites *soie grége.*

GRIBOUILLER, v., *B.* Cet enfant ne fait que *gribouiller.* Dites *griffonner, griffonnage*, en parlant de l'écriture, et *barbouiller, barbouillage*, en parlant de ce qu'il écrit et de la malpropreté du cahier. *Gribouiller* paraît s'être formé du commencement des premiers mots et de la fin des seconds.

GRIFOGNAGE, s. m., **GRIFOGNER**, v., *B.* Dites *griffonner, griffonnage*, c'est-à-dire écrire comme avec une *griffe.*

GRIL, s. m., **GRIS**, adj., *Par.* Un *gril* (prononcez *gri*) est un instrument en fer ou en fer-blanc sur lequel on fait griller des côtelettes, des biftecks, des sardines, etc.; *gris* est une couleur entre le noir et le blanc.

GRILLET, s. m., *B.* Insecte. Dites *grillon.*

GRINGOTTER, v., *L. v.* Trembler de froid. Dites *grelotter* ou *trembloter*. *Gringotter* se dit au propre des petits oiseaux et de leur ramage.

GRIPPE, s. f. Prendre quelqu'un en *grippe*, se prendre de *grippe* contre quelqu'un. Les deux locutions sont françaises; la première était seule admise autrefois.

GRIS, adj. Voy. GRIL.

GRIVELINER, v., *B.* Jouer mesquinement et petit jeu. Dites *grimeliner.*

GROBON, s. m., *B.* Petite pâte cuite dans l'huile. Dites *beignet.*

GROGNON, adj. Qui grogne actuellement ou a l'habitude de grogner. Les vrais mots sont *grogneur* et *grognard;* mais le mot *grognon* est aujourd'hui fort usité et admis par l'Académie comme un adjectif des deux genres.

GROLES (DONNEZ-MOI MES), *L. v.* C'est-à-dire mes pantoufles ou mes mauvais souliers. Employez ces derniers mots. *Grole* est le nom d'une espèce de corbeau.

GROTON, s. m., *B.* Morceau de croûte. Dites *croûton* ou *grignon : un croûton de pain, un grignon de pain.*

GROTTE DE PAIN BÉNIT, *B.* Dites *chanteau : On m'a donné le chanteau.*

GRUÈRE (FROMAGE DE), *B.* Dites *de Gruyère;* c'est une petite ville de Suisse d'où ce fromage a tiré son nom..

GRUMELEAU, GRUMELOT, s. m., *B.* Portion de lait ou de sang caillé. Dites *grumeau. Grumeleux*, qui signifie *plein de grumeaux*, est l'adjectif qu'on en a tiré.

GUERDIN (C'EST UN), *B.* C'est-à-dire un homme de rien, méprisable, sans foi, sans probité. Dites *gredin.*

GUÈRE (IL NE S'EN FAUT DE), *L. v.* Dites : *Il ne s'en faut guère*, comme on dit *il s'en faut beaucoup, il s'en faut peu.*

GUERNOUILLE OU **GUEURNOUILLE**, s. f., *B.* Dites *grenouille.*

GUERRE LASSE (DE), *Sol.* C'est-à-dire après avoir longtemps débattu ou résisté en vain. Dites *de guerre las* (à moins que *las* ne se rapporte à une femme) : *Je lui ai cédé de guerre las*, c'est-à-dire étant las de la guerre; *Il s'est longtemps refusé à cet arrangement; enfin, de guerre las, il y a consenti.* Ces deux exemples sont cités par l'Académie; mais elle écrit *lasse.* Il est évident qu'elle a été trompée, comme presque tout le monde, par la prononciation forte de l'*s* dans le mot *las. Lasse* fait ici un non-sens ou un solécisme.

GUÊTE, s. f., *B.* Espèce de bas qui se boutonne. Dites *guêtres : de bonnes guêtres.*

GUETTE (DE BONNE), *L. v.* Dites *de bon guet.*

GUEUSARD, s. m., *B.* Mauvaise expression. Dites un *gueux*, si vous voulez désigner un homme réduit à vivre d'aumônes; et un *mauvais sujet*, un *fripon*, si vous voulez dire un homme sans mœurs, sans probité.

GUIGNOLANT, adj., *B.* Dites *contrariant*, *fâcheux*, *désagréable.* Voy. GUIGNONNANT.

GUIGNONNANT, adj., *B.* Ce mot n'est pas plus français que *guignolant*, quoique tiré plus naturellement de *guignon*, qui est admis. Dites *fâcheux*, *contrariant.*

GUILLE, s. f. Petite broche de bois servant à boucher le trou qu'on a fait à un tonneau. Dites *fausset.*

H

HABILETÉ, s. f., **HABILITÉ**, s. f., *Par.* L'*habileté* signifie la capacité, l'intelligence, l'adresse acquise : l'*habileté* d'un musicien, d'un dessinateur. *Habilité* est un terme de pratique ; il signifie aptitude à succéder.

HABILITÉ. Voy. HABILETÉ.

HAIRE, s. f., **HÈRE**, s. m., *Par.* La *haire* est une chemisette de crin ou de poil de chèvre; un *hère* est un homme sans mérite, sans considération, sans fortune.

HANCHE. Voy. ANCHE.

HANTER. Voy. ENTER.

HARICOT, s. m., **HOCHEPOT**, s. m., *Par.* Le *haricot* est un légume que tout le monde connaît. Le *hochepot*, mets ancien, est une espèce de ragoût fait de bœuf haché, et cuit sans eau dans un pot avec des marrons, des navets et autres assaisonnements. On a appliqué le même nom à un ragoût de mouton fait d'une manière analogue, et c'est ce qu'on a nommé tout naturellement *un hochepot de mouton*, ou, plus brièvement, *un hochepot*. Or, le même ragoût s'appelle communément aujourd'hui *un haricot de mouton*, et même absolument *un haricot*. Quand on réfléchit que les haricots n'entrent pour rien dans ce ragoût, que l'étymologie ne rend pas raison de ce nom; qu'il ne paraît pas même fort ancien, puisque l'anglais, l'espagnol, l'italien, qui nous ont emprunté tant de termes de cuisine, ne le rendent que par des périphrases, n'est-on pas porté à croire qu'il est dû à quelque confusion de paronymes dont nous avons perdu la trace? Je ne voudrais pas dire assurément que, dans ce sens, *haricot* est pour *hochepot ;* mais il serait intéressant de savoir d'où vient cette homonymie pour deux choses qui n'ont aucun rapport.

HARPIE, s. f., *L. v.* Grande perche armée d'un crochet. Dites un *croc* ou une *gaffe*. Une *harpie* est un monstre fabuleux extrêmement vorace. Ce mot se dit, au figuré, de ceux qui ravissent le bien d'autrui, et des femmes méchantes, criardes, acariâtres.

HASIE (VIANDE), *B.* C'est-à-dire desséchée, brûlée pardessus sans être cuite en dedans. Dites *havie.*

HAUBANS. Voy. AUBAN.

HÉMOPHTHISIE, s. f., *B.* Crachement de sang. Dites *hémoptysie;* c'est un mot tiré du grec qui a le même sens. *Phthisie* est tiré d'un autre mot grec qui signifie dépérissement, destruction, et doit s'appliquer, non pas à l'acte de cracher du sang, mais à cette terrible maladie dont meurent lentement les poitrinaires.

HÉMORRAGIE DE SANG, *Pl.* Dites *une hémorragie* tout simplement. Ce mot signifie perte de sang par le nez, par une plaie, etc. *Hémorragie de sang* est donc un pléonasme ridicule.

HÉRAUT, s. m., **HÉROS**, s. m., *Par.* Le *héraut* est celui qui annonce dans les cérémonies; le *héros* est un guerrier excellent dans l'antiquité, et, chez nous, par imitation, il est pris dans le même sens.

HÈRE, s. m. Voy. HAIRE.

HERMITE. Religieux qui vit seul et comme dans un désert. Écrivez *ermite*, *ermitage.* On a retranché l'*h* de ce mot, qui, d'ailleurs, était muette, avec d'autant plus de raison qu'elle n'était pas du tout dans les mots grecs ou latins d'où *ermite* est tiré.

HEURE (SUR **LES UNE**). Solécisme amené par l'habitude de dire *sur les deux heures*, *sur les trois heures*. Ces expressions sont déjà fort contestables : il vaudrait mieux dire *vers deux heures*, *vers trois heures*. Il faut dire surtout *vers une heure*, *à une heure*, et non pas *les une heure*, etc.

HEURE DE TEMPS (UNE), *Pl.* Dites *une heure.*

HEURES D'HORLOGE (J'Y SUIS RESTÉ TROIS). Ce pléonasme est quelquefois bien placé; il signifie qu'on est resté trois heures réellement et que le mot *heures* n'est pas pris ici dans un sens excessif, comme quand on dit : *Il m'a ennuyé pendant une heure*, quoique peut-être celui dont on se plaint ne soit resté qu'une demi-heure ou vingt minutes.

HEURLER, v., **HEURLEMENT**, s. m., *B.* Dites *hurler*, *hurlement.*

HÉROS, s. m. Voy. HÉRAUT.

HIPPODRÔME, s. m., *B.* Endroit destiné aux courses des

chevaux. Ecrivez et prononcez *hippodrome*; les deux *o* doivent être brefs comme ils le sont dans le mot grec d'où l'on a tiré *hippodrome*.

HOLOGRAPHE, adj. L'Académie renvoie de ce mot à *olographe*, ce qui paraît indiquer qu'elle préfère cette dernière orthographe. Elle est pourtant contraire à l'étymologie, puisque le mot grec *holographos* commençait par un esprit rude, et que le mot français *holocauste*, composé de la même manière et du même premier élément, ne perd jamais son *h*. Voy. OLOGRAPHE.

HOMBRE, s. m. Voy. OMBRE.

HOMME A TALENT, *Sol.* Cette expression, quoique usitée, n'est pas correcte. Il faut dire *homme de talent*, comme on dit *homme de lettres*, *homme de science*, *homme de génie*, et non pas *homme à lettres*, *à science*, *à génie*. Toutefois, il semble qu'avec le pluriel, *homme à talents* rentrerait dans l'analogie de plusieurs phrases construites de même et qui sont parfaitement françaises : *C'est un homme à idées fantasques*, *à désirs insatiables*.

HOMMÉ DE VIGNE, *L. v.* Mesure, journée d'un vigneron. Le vrai mot est *hommée de vigne :* Cette terre contient trente *hommées de vigne*. Mais ce mot, qu'on trouve dans les vieux auteurs, n'est pas admis par l'Académie.

HONCHETS, s. m., *B.* Jeu d'enfants. Le véritable mot est *jonchets*, de petits joncs, parce que c'est avec des bouts de jonc, ou des brins de bois qui y ressemblent, qu'on y joue.

HONTEUX, adj. Quelques personnes prononcent *c'est honteux*. C'est une faute grossière, car l'*h* est aspirée.

HORILLON, s. m., *B.* Coup sur la tête. Dites un *horion*.

HOUCHER LA TÊTE, *B.* La secouer pour marquer son improbation. Dites *hocher la tête*.

HOUCHES, *B.* Morceaux de bois qui s'adaptent l'un sur l'autre, et sur lesquels on fait ensemble des coches ou entaillures pour tenir compte du pain, du vin et de la viande. Dites *tailles : Donnez-moi les tailles du boulanger.*

HOUE, s. f., **HOUX**, s. m., *Par.* La *houe* est un instrument de fer large et recourbé, qui a un manche de bois, avec lequel on remue la terre en la tirant à soi; le *houx* est un arbrisseau toujours vert, dont les feuilles sont armées de piquants.

HOURAGAN, s. m., *B.* Écrivez et prononcez *ouragan*.

HOUX. Voy. HOUE.

HUCHER, v., **JUCHER**, v,, *Par. Hucher* est un vieux mot qui signifiait appeler de loin à haute voix ou en sifflant; *jucher* se dit, au propre, de quelques oiseaux domestiques qui se mettent sur des perches ou sur des planches pour dormir; les poules *juchent* sur les arbres. On l'applique figurément à celui qui loge très-haut : *Il s'est allé jucher au cinquième étage.*

HURLUBRELU, s. m., *B.* Qui agit étourdiment. Dites *hurluberlu.*

HURTER, v., *B.* Choquer, rencontrer durement. Dites *heurter : Il m'a heurté en passant.*

HUSSIER, s. m., *B.* Dites et écrivez *huissier*. Ce mot se rapporte à *huis*, qui signifiait anciennement *porte.*

HYTROPIQUE, adj., *B.* Attaqué d'hydropisie. Dites *hydropique.*

HYPOCONDE, adj. et s. m., *B.* Homme bizarre, mélancolique. Dites *hypocondre. L'hypocondre* est, à proprement parler, la région du cœur sous les fausses côtes; l'*hypocondrie* est la maladie de cette partie du corps; l'homme qui en est affecté est *hypocondriaque;* mais on applique à l'homme le nom de la partie malade.

I

IBIDEM, IDEM, ITEM, *Par.* Ces trois mots, tirés du latin, ont des sens très-différents : *ibidem* signifie là même, au même endroit; *idem,* de même ou la même chose; et *item,* de plus.

ICI (CE JOUR, CE MOMENT), *L. v.* Dites *ce jour-ci, ce moment-ci. Ici* ne s'emploie pas pour déterminer immédiatement un nom précédé de l'adjectif démonstratif *ce, cette.*

ICI (CETTE HEURE), *L. v.* Dites *cette heure-ci, ce livre-ci.* Le mot *ici*, qui s'emploie toujours quand il est isolé, ne se joint pas aux substantifs précédés de l'adjectif démonstratif.

IDEM. Voy. IBIDEM.

IL. « Et ce qu'*il* dit, que fait-*il* à la chose? » (Molière, *le Malade imaginaire*). *Il* se rapporte mal à *ce,* il s'y rapporte d'autant moins ici que *il* devant *dit* se rapporte à un homme, et qu'on croirait que le *il* de *fait-il* s'y rapporte de même.

IL, ELLE, ILS, ELLES, LUI. Ces pronoms donnent lieu à beaucoup d'équivoques. Il suffit pour cela qu'il y ait dans une phrase deux mots de même genre et de même nombre auxquels ils puissent se rapporter. En voici des exemples : « M. de La Mothe entreprend de faire ce qu'Homère aurait fait lui-même, s'*il* avait eu autant d'esprit que *lui*. » (Mme Dacier, *Corruption du goût*.) A qui des deux (Lamothe ou Homère) se rapporte *il* d'abord, et *lui* ensuite? Mme Dacier veut dire : si Homère avait eu autant d'esprit que La Mothe. On pourrait tout aussi bien entendre le contraire. — « Mais quand *elle* (la reine) vit sa fille, et qu'*elle* (sa fille) lui raconta tout ce qui venait d'arriver, *elle* (la reine) se mit dans une colère terrible. (Mme d'Aulnoy, *l'Oiseau bleu*.) Cette phrase est évidemment équivoque et presque inintelligible.

IMAGINER, v., **S'IMAGINER**, v., *Par. Imaginer*, c'est former une idée, créer, inventer; *s'imaginer*, c'est croire, se persuader quelque chose sans fondement.

IMBERLINE, s. f., *B.* Étoffe de soie et de coton. Il faut dire *iberline*.

IMITER L'EXEMPLE, *Pl.* Il vaut peut-être mieux dire *suivre l'exemple. Imiter l'exemple* est, en effet, une sorte de pléonasme; mais il est difficile de dire en quoi il est blâmable.

IMMERSION. Voy. ÉMERSION.

IMMINENT. Voy. ÉMINENT.

IMPARDONNABLE (VOTRE FILS EST), *L. v.* Dites *est inexcusable*. Voy. PARDONNABLE.

IMPOSER, v., **EN IMPOSER**, v., *Par. Imposer*, pris absolument, signifie inspirer du respect, de la crainte, de l'admiration : *il impose, sa présence impose. En imposer* signifie surtout tromper, mentir. — C'est là le sens particulier qu'on donne à ces deux expressions; mais elles n'ont pas toujours été prises ainsi, leurs significations se sont souvent interverties.

IMPOSSIBLE (IL M'EST) **DE POUVOIR** VOUS SATISFAIRE, *Pl.* Dites : *Il m'est impossible de vous satisfaire*. Voy. POUVOIR, POSSIBLE.

INANIMÉ (CADAVRE). Voy. CADAVRE INANIMÉ.

INCAN (A L'), *B.* Dites *à l'encan*.

INDICIPLE, adj., *B.* Qu'on ne peut exprimer. C'est un barbarisme forgé par la ressemblance matérielle du mot *disciple*, qui ne se rapporte pas du tout à ce sens. Il faut dire *indicible*.

INDIGESSION, s. f., *B.* Plusieurs personnes prononcent ainsi le mot *indigestion*. C'est un barbarisme : le *t* devant *ion* conserve sa prononciation naturelle après *s* et *x*.

INESTIMABLE, adj. Ce mot veut dire ce qu'on ne peut estimer à cause de son grand prix : *Un diamant d'une valeur inestimable*. N'appliquez jamais ce mot à un homme pour dire qu'il n'est pas estimable : ce serait un barbarisme ou un contre-sens.

INFECTER, v., **INFESTER**, v., *Par. Infecter*, c'est répandre une mauvaise odeur, gâter, corrompre; *infester*, c'est piller, ravager, dévaster (en parlant des ennemis); incommoder, tourmenter, causer du dommage (en parlant des animaux).

INFESTER. Voy. INFECTER.

INFRACTION. Voy. EFFRACTION.

INGRÉDIENT, s. m., *B*. Beaucoup de personnes prononcent ainsi le mot *ingrédient*. C'est un barbarisme : l'*e* final doit être prononcé *an*, comme dans toutes les terminaisons en *ent*.

INOBSERVANCE, s. f., *B*. Défaut d'obéissance aux lois ou règles. Dites *inobservation*.

INQUET, adj., *B*. Qui n'est pas tranquille. Écrivez et prononcez *inquiet*.

INQUÉTUDE, s. f., *B*. Dites de même *inquiétude*.

INTENTER, v. Voy. TENTER.

INTERDITES (VOUS), *B*. Il faut *vous interdisez*. Quoique composé de *dire*, ce mot ne suit pas l'irrégularité du simple, non plus que *contredire*.

INTERLOQUÉ (CELA M'A), *L. v*. Dites *cela m'a interdit*. *Interloquer* est un terme de pratique; on ne l'emploie qu'en parlant d'un jugement interlocutoire. L'Académie, dans sa nouvelle édition, admet ce mot dans le style familier; mais c'est une complaisance excessive pour l'usage : quand l'usage est mauvais, il faut le condamner, sans quoi on acceptera bientôt *conséquent* pour *considérable*, *minable* pour *misérable*, et ainsi de suite.

INTRANSPIRATION, s. f., *B*. Il faut dire *transpiration arrêtée* ou *défaut de transpiration*.

INVECTIVER, v. Dites *injurier*, *accabler d'invectives* ou *d'injures*. Toutefois, *invectiver* est aujourd'hui admis par l'Académie avec la préposition *contre* : *invectiver contre le vice*.

INVITER DE FAIRE QUELQUE CHOSE, *L. v*. Dites *inviter à*.

IRRUPTION. Voy. ÉRUPTION.

ITEM. Voy. IBIDEM.

INVENTAIRE, s. m., **ÉVENTAIRE**, s. m., *Par.* L'*éventaire* est le plateau d'osier sur lequel sont placés les noix, les légumes, etc., que vendent certains marchands en parcourant les rues; un *inventaire* est un état détaillé des meubles, marchandises, etc.

J

JACQUET, *Par.* Jeune domestique. Dites *jockey*. C'est un mot anglais.

JAIS, s. m. Voy. GEAI.

JAMAIS DE LA VIE, *Pl.* Mauvaise expression. Indépendamment de la contradiction de *jamais* avec *la vie* qui en limite le sens, *jamais* dit bien plus à lui tout seul qu'il ne peut faire avec un autre mot.

JAMBÉ (BIEN), *B.* Ce mot ne s'emploie que dans le langage très-familier. Dites *qui a la jambe bien faite.*

JET, s. m., **JEU**, s. m., *Par.* Le *jet*, c'est l'acte de jeter ou d'être jeté : *un jet de pierre*, *un jet d'eau.* Le *jeu*, c'est l'acte de jouer : *un jeu dangereux.* C'est à tort que quelques personnes disent *un jeu d'eau.*

JETÉ (CE BOIS EST), *L. v.* C'est-à-dire est enflé, étendu, hors de la ligne droite. Dites qu'il est *déjeté*.

JEU, s. m. Voy. JET.

JEUNES HOMMES (LES). Ce pluriel n'est pas usité. On dit bien au singulier *un jeune homme*, *ce jeune homme.* Au pluriel, on dit *des jeunes gens*, *ces jeunes gens.* On a, pendant quelque temps, essayé d'employer ces mots, *les jeunes hommes;* mais l'usage a définitivement condamné cette expression, qui, aujourd'hui, n'est plus admise par personne. Cependant elle n'a rien de contraire aux règles générales de notre langue. La Fontaine l'a employée dans le titre de sa fable : *le Vieillard et les trois jeunes Hommes;* et il paraît même indispensable d'y recourir quand on veut nombrer les individus.

JOLI CŒUR (IL FAIT LE), *L. v.* Dites *Jolicœur* en un seul mot. *Jolicœur* est un nom de comédie qu'on applique souvent à de jeunes soldats, à de jeunes débauchés contents d'eux et se glorifiant de succès réels ou imaginaires. On fait le *Jolicœur* comme on fait le *Jocrisse.*

JOLI ENTERREMENT. Évitez cette réunion de mots;

Joli exclut toute idée de tristesse ou de douleur. Dites *un bel enterrement, un beau service.*

JOLIMENT, adv. D'une manière jolie, agréable. C'est à tort que beaucoup de personnes emploient ce mot comme adverbe de quantité : *il a joliment neigé, j'ai joliment dormi, j'ai joliment faim*, etc.; toutes ces locutions sont à rejeter. A peine peut-on les tolérer dans le style le plus familier.

JONCHETS. Voy. ÉCHECS.

JOUIN, s. m., *B.* Le sixième mois de l'année. Dites et écrivez *juin*, monosyllabe.

JOUIR, v., ne se dit que des choses bonnes ou agréables : *jouir d'une bonne santé, d'une grande fortune.* On ne peut pas jouir d'un mal; ne dites donc pas qu'un homme *jouit d'une mauvaise santé*, mais qu'il *a une mauvaise santé.*

JOUR A LA JOURNÉE (CES HOMMES VIVENT **DU**). Dites *au jour le jour*, c'est-à-dire ils gagnent, chaque jour, ce qu'il faut pour vivre pendant ce jour. On dit aussi *vivre au jour la journée*, et cette expression est aussi correcte, quoique moins élégante que l'autre.

JOUR SUR SEMAINE (UN), *L. v.* Jour de travail, par opposition au dimanche. Dites *jour ouvrable.*

JUCHER. Voy. HUCHER.

JUMEAUX, adj. m. Voy. GÉMEAUX.

JURÉ, s. m., **JURY**, s. m. *Par.* Le *jury* est la réunion des *jurés* chargés de prononcer si un crime a été commis par l'accusé.

JURY, s. m. Voy. JURÉ.

JUSQU'A AUJOURD'HUI, *Sol.* Dites *jusqu'aujourd'hui.* Quelques grammairiens pensent que l'usage permet d'exprimer la préposition *à* devant l'adverbe composé *aujourd'hui*, quand cet adverbe est précédé de la préposition *jusque*, et de dire *jusqu'à aujourd'hui.* C'est assurément un bien mauvais usage. *Aujourd'hui*, quoique écrit en un seul mot, représente réellement *au jour d'hui;* on ne peut pas plus dire *jusqu'à aujourd'hui* que *veiller jusqu'à au jour.* Si dans quelques locutions, telles que *pour aujourd'hui, dès aujourd'hui*, les prépositions *pour, dès*, régissent *aujourd'hui* comme si c'était un mot simple, ce n'est pas une raison pour étendre cette exception jusqu'à la préposition *à* de *jusqu'à.*

JUSQUE MIDI, JUSQUE DEMAIN (JE VOUS ATTENDRAI), *Sol.* Dites *jusqu'à midi, jusqu'à demain.* Il ne faut pas excuser ces solécismes, parce qu'on dit *jusqu'aujour-*

d'hui; la préposition *à*, nécessaire après *jusqu'à*, se trouve dans *aujourd'hui*; elle n'est pas dans *midi*, *demain*, ni autres mots semblables.

K

KILO (UN), **KILOS** (VINGT), *B.* Dites *kilogrammes*. Les noms de nos mesures nouvelles sont barbares et composés d'une manière barbare; et c'est là certainement la cause qui a fait chercher une abréviation comme celle de *kilo* pour *kilogramme*; mais cette abréviation s'explique ainsi et ne se justifie pas.

L

LA OÙ, *Pl.* Est-ce *là où* vous logerez? Dites : *Est-ce là que* vous logerez? Il y a ici, non pas dans l'expression, mais dans le sens, une préposition redoublée mal à propos et qui fait que ce pléonasme est fort mauvais. *Là*, pris adverbialement, signifie *dans ce lieu*; *où* veut dire *dans lequel lieu*. La phrase citée revient à celle-ci : *Est-ce dans ce lieu dans lequel vous logerez?* Il faut évidemment : *Est-ce dans ce lieu que vous logerez*, comme je l'ai dit.

LABOURAGE (CHEVAUX DE), *L. v.* Dites *chevaux de labour*.

LACER, V., **LASSER**, V., *Par.* Le premier de ces mots signifie *serrer avec un lacet*; le second veut dire *fatiguer*. L'écriture en est très-différente; la prononciation ne doit pas l'être moins. L'*a* est long et fermé dans *lasser*, venu de *las*; il est ouvert et bref dans *lacer*, venu, ainsi que *lacs* et *lacet*, du latin *laqueus* où l'*a* était bref. C'est par une confusion fâcheuse de ces paronymes que beaucoup de personnes prononcent aujourd'hui *lâcer un corset* ou le *délâcer*, comme si c'était *lasser une personne* ou *la délasser*. On ne saurait faire trop d'attention à maintenir entre les mots les différences d'orthographe et de prononciation sans lesquelles les mots et les sens les plus différents finiraient par ne plus nous apporter d'idée distincte.

LAIDRON (UN), *Sol.* et *B.* Fille ou femme laide. Dites *une laideron*.

LAIDERONNE (UNE), *B.* Dites *une laideron*.

LAISSE (MENER LES CHIENS A LA), *L. v.* Dites *en laisse.*

LAISSÉ DIRE (JE ME SUIS), *L. v. Laisser dire* quelqu'un, c'est ne pas l'empêcher de parler. Cette expression ne signifie donc rien ici. Dites tout simplement *on m'a dit.* La phrase *Il s'est laissé dire des injures sans en tirer vengeance*, montre dans quel sens cette locution est bien placée.

LAIT (BLANC COMME UN), *L. v.* Dites *blanc comme le lait*, *comme le satin*, etc. L'emploi de *un* devant le nom des choses qui ne se comptent pas est un barbarisme de locution.

LAIT DE CARPE, *L. v.* Cette partie des entrailles de poissons mâles qui ressemble à du lait caillé, s'appelle *laite* ou *laitance : une laitance de carpe*, *de la laite de hareng.*

LAIT DE POULE. Boisson chaude faite avec un jaune d'œuf délayé dans de l'eau bouillante, du sucre et de la fleur d'orange. Le nom de *lait* vient de la couleur blanche que donne le jaune d'œuf dans beaucoup d'eau. Le nom est donc très expressif et très-bien choisi. Je ne sais sur quelle raison un grammairien a voulu le blâmer.

LAMPERON, s. m., *L. v.* Petite lampe dont on se sert pour les illuminations. Dites *lampion.* Le lamperon est le petit tuyau ou la languette qui tient la mèche de la lampe.

LANCÉES, *L. v.* Dites *j'ai des élancements dans la tête*, et non pas *des lancées.*

LANCER, *L. v.* Faire ressentir dans quelques parties du corps une douleur vive et aiguë avec agitation. Dites *élancer : La tête m'élance.*

LANDES, s. f., **LENTES**, s. f., *Par.* Les *landes* sont des terres incultes. Les *lentes* sont les œufs d'où sortent les poux, et qui s'attachent aux cheveux des enfants et des personnes malpropres.

LANGUILLE ou **L'ANGUILLE**, **UNE ANGUILLE**, **LES ANGUILLES**, *Par.* Ces trois paronymes sont ici rapprochés à cause de ce proverbe : « Il fait comme *l'Anguille de Melun*; il crie avant qu'on l'écorche. » Voici l'explication de ce proverbe : « Il y avait à Melun-sur-Seine, près Paris, un jeune homme nommé l'Anguille, lequel, en une comédie qui se jouait publiquement, représentait le personnage de saint Barthélemy. Comme celui qui faisait l'exécuteur le voulut approcher, le couteau à la main, feignant de l'écorcher, il se prit à crier avant qu'on le touchât, ce qui donna sujet de rire à toute l'assemblée, et commencement à ce proverbe, qui depuis s'est appliqué à ceux qui se plaignent du mal avant qu'il arrive. » Cette origine n'est pas très-certaine; mais ce qui n'est pas douteux, c'est que le proverbe est dû à quelque homonymie ou paronymie semblables, car les anguilles de Melun, non plus qu'aucune autre, ne crient avant qu'on les écorche. Or, cet exemple nous montre comment les mots et les phrases se corrompent et arrivent quelquefois à nous faire répéter des non-sens ou des absurdités. De *l'Anguille*, qui était bon comme nom d'homme, on a fait *une anguille* ou *les anguilles;* et on a ainsi énoncé des phrases acceptées par l'usage, si l'on veut, et par le *Dictionnaire de l'Académie*, mais qui enfin ne sont pas justifiées, et à la place desquelles il vaudrait toujours beaucoup mieux mettre le mot exact, *comme l'Anguille de Melun*.

LAURELLE, s. f., *B.* Plante dont les feuilles ressemblent à celles du laurier. Dites *une lauréole*.

LARRONNE, s. f., *B.* Dites *une larronnesse.*

LAVIER (CETTE CUISINE A UN), *B.* Dites *un évier.*

LE, LA, LES, art. Cet adjectif s'applique toujours à ce qui est assez connu pour n'avoir pas besoin d'être déterminé autrement. On l'emploie en parlant d'un objet déjà nommé et qu'on rappelle, ou d'un objet unique dans la nature, comme *le soleil*, *la lune;* ou (au pluriel) des objets qui entrent dans un genre, *les étoiles*, *les hommes*, *les animaux;* ou enfin des noms qui, par leur position dans la phrase ou eu égard à celui qui parle, ne peuvent laisser aucun doute aux auditeurs, comme *le roi*, *la reine*, *j'ai mal à la tête*, *j'ai mal aux dents*, etc. Hors ces cas, l'emploi de l'article *le*, *la*, *les*, est presque toujours une faute, on peut même dire un pléonasme vicieux, puisqu'il exprime une idée que l'orateur ne peut ou ne doit pas avoir. Ainsi, en parlant des maladies, vous direz *j'ai la fièvre*, *la goutte*, *la grippe*, *le frisson; il meurt de la poitrine*, *il a un cancer à l'estomac*, etc., parce que les maladies sont supposées occuper tout le corps ou que les parties dont il s'agit sont uniques. Au contraire, il faudra dire *j'ai une engelure*, *un cor*, *un clou*, *une fluxion*, *un rhumatisme*, parce que ces maladies sont locales, et qu'on peut en avoir ou au moins en supposer plusieurs à la fois. De même on dira *j'ai un bras malade*, *un œil enflé*, *une jambe écorchée*, etc., parce qu'il y a deux bras, deux yeux, etc. Si l'on dit souvent *j'ai mal à l'œil*, *au bras*, *à la jambe*, cela tient à ce que, dans l'usage que nous en faisons, les deux membres nous sont nécessaires à la fois, et qu'ainsi nous les considérons d'ensemble et comme formant un tout inséparable.

LE, LA, LES, pron. Ces mots peuvent donner naissance à

des équivoques dans les mêmes conditions que *il*, *elle*, *ils*, *elles*. Voy. ces mots. — Voici des exemples : « L'ouvrage me paraît aussi éloigné de la perfection que l'auteur était propre à *l*'atteindre. » (La Mothe, *Discours sur Homère*, p. 97.) A atteindre quoi ? on dirait que c'est l'ouvrage ; et La Mothe veut dire *à atteindre la perfection*. — « Si Mme Dacier m'avait donné plus souvent occasion à de pareils aveux, je *l*'aurais toujours saisie de bon cœur. » (La Mothe, *Réflexions sur la critique*, p. 160.) Qui aurait-il saisi ? *l'occasion* ou *Mme Dacier ?* La Mothe veut dire *l'occasion ;* mais *la* se rapporte beaucoup mieux à *Mme Dacier*.

LECTEUR, s. m., **LISEUR**, s. m. *Par.* Le *lecteur* est en général celui qui lit, ou dont le métier est de lire pour un autre. Le *liseur* est celui qui ne fait que lire, qui lit beaucoup et longtemps : *C'est un grand liseur de romans.* Il est familier.

LÉGUMES (DE **BONNES**), *Sol.* Dites *de bons légumes.* C'est à tort que plusieurs personnes font ce mot du féminin.

LENDEMAIN (**DU JOUR AU**). Quelques grammairiens ont blâmé cette expression sans se donner la peine d'en chercher une raison; elle est, au contraire, très-correcte et fort usitée.

LENTES, s. f. Voy. LANDES.

LES, art., **LEZ**, s. m., **DES**, art. contr., *Par. Lez*, vieux mot signifiant *à côté de : Saint-Germain-lez-Prés ;* le *Péage-lez-Romans*, la *Roquette-lez-Paris*. Depuis que ce mot est peu usité, on y substitue, bien à tort et souvent à contre-sens, soit l'article *les* (qui est absurde devant un singulier), soit l'article contracté *des* devant les pluriels, ou le nom *près* devant les singuliers : le *Plessis-les-Tours* (château fort de Louis XI), comme si c'était un château qui eût *des tours*, tandis qu'il était *lez Tours* (près de la ville de Tours); *Saint-Germain-des-Prés* (ce dernier fait encore un contre-sens : l'église Saint-Germain, à l'extrémité méridionale de Paris, lorsqu'on la construisit, n'était pas prise sur les prés, comme le voudrait dire le nom qu'on lui donne actuellement, mais à côté de ces prés extérieurs à Paris, ce que signifie le vrai mot *lez Prés*); *la Roquette-lez-Paris* (auprès de Paris) et non *les Paris*, comme s'il y avait plusieurs Paris.

LES ANGUILLES. Voy. LANGUILLE.

LETTRES ALPHABÉTIQUES (METTRE DES MOTS PAR), *L. v.* Dites *par ordre alphabétique*. La première expression n'est pas absolument barbare, mais elle ne signifie rien, puisque toutes nos lettres sont alphabétiques.

LEUR, adj. signifiant *d'eux*, *d'elles*, veut être devant son substantif. Dites, en parlant de deux frères ou deux cousins : *Je suis leur parent*, c'est-à-dire *le parent d'eux;* et non *je leur suis parent*, qui signifierait *je suis parent à eux*, ce qui n'est pas français.

LEVAIN, s. m., **ALEVIN**, s. m., *Par*. Le *levain* est une pâte aigrie, qui, mêlée à la pâte dont on veut faire le pain, la fait lever et fermenter. L'*alevin*, c'est du menu poisson pour peupler un étang, un vivier. Dites donc : *J'ai mis de l'alevin dans mon réservoir*, et non pas du *levain*.

LEVERT (DU TEMPS DE JEAN, OU JE M'EN SOUCIE COMME DE JEAN), *L. v.* Dites *du temps de Jean de Wert. Je m'en soucie comme de Jean de Wert*. Ce Jean de Wert était un guerrier célèbre au XVIIe siècle, et qui se signala dans l'armée impériale pendant les guerres contre la France; longtemps redouté, son nom faisait peur aux petits enfants, qu'on menaçait de Jean de Wert comme on les menace du loup ou de *Croquemitaine*. Le 2 mars 1638, il fut fait prisonnier à la bataille de Rhinfeld et enfermé au château de Vincennes avec ses compagnons. Des transports de joie accueillirent cette nouvelle, et à la terreur qu'inspirait son nom succédèrent les proverbes que nous citons ici, et qu'on estropie souvent.

LEVIER. Voy. ÉVIER.

LEZ. Voy. LES.

LIAIS, s. m., **LIERRE**, s. m., *Par*. Le *liais*, c'est une pierre dure et d'un grain très-fin; le *lierre* est un arbuste rampant et grimpant. Il faut dire *pierre de liais* et non *pierre de lierre*.

LIBRAIRERIE, s. f., *B*. Dites *librairie*, puisqu'on dit *libraire* et non *librairier*.

LICHEFRITE, s. f., *B*. Ustensile de cuisine qui reçoit la graisse et le jus des viandes qu'on fait rôtir. Dites *la lèchefrite*.

LIER LES DENTS, *L. v.* Dites *agacer les dents*.

LIERRE, s. m. Voy. LIAIS.

LIEU, s. m., **LIEUE**, s. f., *Par*. Le *lieu* est un endroit, une place. La *lieue* est une mesure itinéraire aujourd'hui de 4,000 mètres.

LIEUE, s. f. Voy. LIEU.

LIGNEUL, s. m., **LIGNEUX**, adj. et subst., *Par*. Le *li-*

gneul est une sorte de fil ciré dont se servent les cordonniers. Le *ligneux* est la substance qui entre pour la plus grande partie dans la composition du bois. Gardez-vous de confondre ces deux mots.

LIGNEUX, s. m. Voy. LIGNEUL.

LIMITES et **BORNES**. Voy. BORNES et LIMITES.

LIMON, s. m., **TIMON**, s. m., *Par.* Le *limon* est une des deux pièces de devant d'une charrette ou d'un cabriolet, entre lesquelles se place le cheval. Le *timon* est la longue pièce de bois d'un carrosse des deux côtés de laquelle on attelle les chevaux.

LINCEUIL, s. m., *B.* Dites *linceul.*

LINTEAU, s. m., **LITEAU**, s. m., *Par.* Le *linteau* est une pièce de bois en travers au-dessus d'une porte ou d'une fenêtre, pour maintenir la maçonnerie ; le *liteau* est une petite tringle de bois couchée sur une autre; en terme de chasse, c'est le lieu où le loup se repose pendant le jour ; c'est aussi une raie rouge ou bleue sur du linge de table, et, dans cette acception on ne l'emploie guère qu'au pluriel : *serviette à liteaux.*

LISEUR, s. m. Voy. LECTEUR.

LISSIEU, s. m., *B.* Dites *eau de lessive.*

LISÉ-JE ? Affreux barbarisme. Voy. DORMÉ-JE ?—Écrivez *lis-je*, ou tournez par *est-ce que je lis?*

LISSIVE, s. f., *B.* Dites *lessive*, quoique l'étymologie *lixivia* ou *lixivium* se rapproche plus du premier de ces mots.

LIT DE CAMP, LIT DE SANGLES, *Par.* Beaucoup de personnes confondent ces deux mots. Le *lit de camp* consiste dans une sorte de plan légèrement incliné sur lequel les soldats se couchent. Le *lit de sangle* est composé d'une toile ou de sangles tendues sur un pliant.

LITEAU, s. m. Voy. LINTEAU.

LOCATI, s. m., *B.* Mauvais cheval de louage. Dites *un locatis*, en faisant sonner l'*s*.

LOIN A LOIN (**DE**). Cette expression est française, mais *de loin en loin* est plus conforme à l'usage de nos bons écrivains.

LOQUETIÈRE, s. f., *B.* Clef qui sert à ouvrir plusieurs serrures. Dites *un passe-partout.*

LOUETTE (LA), *B.* Dites *la luette.*

L'UN L'AUTRE (ILS SE SONT **ENTR'AIDÉS**), *Pl.* Supprimez ces mots *l'un l'autre*, qui n'ajoutent rien à la réciprocité exprimée par *s'entr'aider*.

LUNA CAMPANA, *B*. Plante médicinale. Dites *inula campana*.

LUQUERNE, s. f., *B*. Ouverture, ou sorte de fenêtre pour donner du jour. Dites *lucarne*, bien que l'étymologie latine, *lucerna*, se rapproche plus du premier mot.

LUCE (BOIS DE SAINTE), *B*. Dites *bois de Sainte-Lucie*. Sainte-Lucie est une des Antilles d'où ce bois a été apporté.

LUTHERANISME, *B*. Il faut accentuer l'*e*.

LUTHÉRIANISME, s. m. L'Académie n'admet pas ce mot; elle adopte *luthéranisme*. C'est une exception dont il n'est pas facile de rendre raison, car tous les autres noms en *ien* forment leur dérivé abstrait en *ianisme* : *chrétien*, *christianisme* ; *arien*, *arianisme* ; *socinien*, *socinianisme* ; *pélagien*, *pélagianisme* ; *presbytérien*, *presbytérianisme* ; *cartésien*, *cartésianisme*, et même *italien*, *italianisme*. *Luthérien* devrait donc former régulièrement *luthérianisme* ; en lui donnant pour dérivé abstrait *luthéranisme*, on le fait, contre toute apparence, rentrer dans l'analogie des mots terminés en *ain*, qui, en effet, suppriment tout à fait l'*i* dans le dérivé : *puritain*, *puritanisme* ; *républicain*, *républicanisme* ; *germain*, *germanisme* ; *ultramontain*, *ultramontanisme*.

M

MACHILLER, v., *B*. Mâcher avec négligence. Dites *mâchonner*.

MACHILLÈRES (DENTS), *B*. Dites *mâchelières*.

MACHIN, s. m., *B*. Instrument quelconque ; mot employé quelquefois pour désigner ce qu'on ne sait comment nommer. Dites *une chose*, et, selon le cas, un *outil*, un *instrument*, un *meuble*, etc., quand il s'agit de ces différents objets.

MAIRERIE, s. f., *B*. Dites *mairie*, puisqu'on dit un *maire*, et non un *mairier*.

MAJESTÉ (VOTRE) **EST LE PLUS ÉCLAIRÉ DES ROIS** ou **LA PLUS ÉCLAIRÉE DES ROIS**, *Sol*. Ces deux phrases sont évidemment fautives ; il faut prendre une autre tournure, comme : *Votre Majesté est plus éclairée que toute autre ;* car il est absurde, quoi que l'on fasse, d'établir une comparaison entre la *majesté*, qualité abstraite attribuée aux rois, et les rois eux-mêmes. La même observation s'applique à tous les titres honorifiques donnés d'une manière analogue. Voy. EMINENCE, EXCELLENCE, GRANDEUR, etc.

MAL, s. m., **MALLE**, s. f., **MÂLE**, adj., *Par.* Le *mal* est l'opposé du bien. Une *malle* est un coffre destiné à serrer ou transporter le linge et les effets d'habillement ; *mâle* est un adjectif qui désigne le premier des deux sexes.

MAL (CE VIN N'EST PAS), *L. v.* Dites *n'est pas mauvais.* — *Mal*, ancien adjectif, ne s'emploie plus dans ce sens que dans quelques locutions particulières : *à la male heure*, *mourir de male faim.* Ailleurs on dit *mauvais.*

MALADIE (FAIRE UNE), *L. v.* Dites *avoir une maladie.* Une *maladie* n'est pas une chose qu'on fasse.

MALADIER, v., *B.* Ce verbe est un barbarisme. Dites *être malade.*

MALADIEUX, **EUSE**, adj., *B.* Dites *maladif*, *dive.*

MALAISE (JE SUIS), *L. v.* Dites *je suis mal à mon aise.*

MÂLE, adj. et s. m. Voy. MAL.

MALGRÉ QUE VOUS AYEZ REFUSÉ, *L. v.* Dites *quoique vous ayez refusé.* — *Malgré* ne s'emploie pas avec *que*, si ce n'est devant le verbe *avoir : Cela se fera malgré qu'il en ait*, c'est-à-dire *quel que soit le mal* (mauvais) *gré qu'il en ait. Que* est donc ici adjectif conjonctif et non la conjonction *que.*

MALINE, adj., *B.* Féminin de *malin.* Dites *maligne :* une *fièvre maligne.*

MALLE, s. f. Voy. MAL.

MANDILLE, s. f., **MANDRILLE**, s. m., *Par.* La *mandille* est une espèce de casaque que portaient autrefois les laquais : *Traîner la mandille*, c'est être misérable. Le *mandrille* est un singe.

MANDRILLE, s. m. Voy. MANDILLE.

MANETTE, s. f., *B.* La partie d'un vase ou d'un panier que l'on tient à la main. Dites *anse.* La même partie dans un instrument. Dites *le manche.*

MANGER (NOUS AVIONS **DIX PERSONNES A**), *L. v.* Dites : *Nous donnions à manger à dix personnes.* La mauvaise équivoque produite par le mot *manger* explique assez comment cette phrase est barbare, quoique la phrase *nous avions dix personnes à dîner* soit française.

MANICLE (LA), *B.* Morceau de cuir que les cordonniers mettent à leur main pour qu'elle résiste au travail. Dites *la manique.*

MANIFIQUE, adj., *B.* Celui qui fait les choses grandement, qui ne regarde pas à l'argent. Écrivez et prononcez *magnifique*, en mouillant le *g*.

MANIGANTERIE, s. f., *B*. École de chant pour les enfants de chœur. Dites *manécanterie*.

MARAICHIER, s. m., *B*. Jardinier. Dites *un maraîcher*.

MARAIS, s. m., **MARÉE**, s. f., *Par*. Le *marais* est un amas d'eau stagnante; la *marée*, c'est le poisson de mer. Dites donc *nous avons mangé de la marée*, et non *de la marais*.

MARAUDE (LA). Pillage clandestin des soldats. On dit mieux *aller en maraude* qu'*aller à la maraude*. Cependant cette dernière expression est acceptée aujourd'hui.—Voy. PICORÉE.

MARCHE, s. f., **DÉMARCHE**, s. f., *Par*. La *marche* signifie en général le mouvement de celui qui marche : *Les troupes sont en marche*. La *démarche* est la manière, la façon de marcher : Cette personne *a une démarche noble*, *une démarche embarrassée*. On reconnaît un homme à sa *démarche*, et non pas à sa *marche*.

MARÉE, s. f. Voy. MARAIS.

MARÉE, s. f., **MARS**, s. m., *Par*. La *marée* est le poisson de mer non salé; *mars* est le troisième mois de l'année. Ces deux mots n'ont presque aucune similitude; mais ils entrent dans deux phrases proverbiales à peu près pareilles et qui ont pourtant un sens très-différent : *Venir comme marée en carême*, et *Venir comme mars en carême*. La première signifie venir fort à propos; et la seconde, venir infailliblement.

MARGOTTE, s. f., *B*. Branche qu'on met en terre pour qu'elle y prenne racine. Dites *marcotte*.

MARIGOULE (ARTICHAUT A LA), *B*. Dites *à la Barigoule*.

MARRONNER, v., *B*. Murmurer sourdement. Dites *marmonner* : il ne fait que *marmonner* depuis un quart d'heure.

MARS, s. m. Voy. MARÉE.

MARSAGE (LE), *B*. L'orge, qu'on sème ordinairement au mois de mars. Dites *la marsèche*. Ce mot, anciennement écrit *marçaiche*, et qui se trouve dans l'ancien *Dictionnaire de l'Académie*, n'est pas dans le nouveau.

MARTRE, s. f. Quadrupède carnassier dont le poil roux sert de fourrure. Le nom latin de cet animal était *martes*. Les naturalistes, se conformant à cette étymologie, écrivent et prononcent *marte*. L'Académie admet ce mot, mais renvoie à *martre*. Il vaudrait mieux faire le contraire ; *marte* est le vrai mot, auquel il faudrait revenir.

MARTELET, s. m., *L. v.* Espèce d'hirondelle. Dites *un martinet*. Le *martelet* est un petit marteau dont le nom ne doit pas être appliqué à l'hirondelle.

MATTHIEU SALÉ (IL A VÉCU AUTANT QUE, IL EST VIEUX COMME), *L. v.*, fondée sur une paronymie ridicule. Il faut dire *autant que* ou *comme Mathusalem*. Mathusalem est le huitième patriarche. C'est celui dont la vie a été en effet la plus longue, et qui est pris avec raison pour le modèle de la longévité. Il n'y a qu'une grossière ignorance qui puisse faire substituer à ce nom celui d'un personnage imaginaire tel que *Matthieu Salé*.

MASPAIN, s. m., *B.* Sorte de pâtisserie. Dites *massepain*.

MASSACRANTE (HUMEUR), *L. v.* Cette expression n'est pas heureuse ; on veut dire que la personne dont on parle paraît disposée à massacrer tout le monde. Dites *qu'elle est d'une humeur maussade*. Toutefois, il convient de remarquer que ce mot n'est pas un barbarisme, c'est tout au plus une exagération de mauvais goût. L'Académie l'admet dans le style familier ; mais, comme toutes les exagérations, il convient de l'employer rarement.

MATÉREAUX, s. m. pl., *B.* Dites *matériaux*.

MÉCHANT COMME LA GALE, *L. v.* Dites *mauvais comme la gale*. La raison de ce choix est évidente. On dit que la gale est mauvaise ; on ne dit pas qu'elle est méchante.

MÉCREDI, s. m., *B.* Dites et écrivez *mercredi*.

MÉDECINALE (PLANTE), *B.* Dites *médicinale*. Ce mot est formé du latin *medicina*.

MÉDICAL, adj., **MÉDICINAL**, adj., *Par. Médical* veut dire qui appartient à la médecine, considérée comme science : *l'art médical, matière médicale*. *Médicinal* veut dire qui a la vertu d'une médecine, d'un médicament : *plante médicinale*.

MÉDICINAL, adj. Voy. MÉDICAL.

MÉDITES (VOUS), *B.* Dites *vous médisez sans cesse*.

MÉFIANCE, s. f., **DÉFIANCE**, s. f., *Par.* La *défiance* est la crainte ou le soupçon du mal, qui fait qu'on ne se fie pas à quelqu'un. La *méfiance* est la disposition à se défier. Ces deux mots, s'ils n'ont pas exactement le même sens, diffèrent au moins bien peu.

MÉGARD (PAR), *B.* Dites *par mégarde*.

MEILLEURE (PLUS LEUR FORTUNE DEVENAIT), solécisme

et pléonasme très-vicieux. *Meilleur* vaut *plus bon;* il comprend donc déjà le sens de *plus*, qu'il est ridicule de répéter devant lui.

MÉLISE, s. f., *B*. Plante qui sent le citron. Dites *de la mélisse*.

MÉLISE, s. f., *B*. Petite cerise. Dites *merise*.

MEMBRÉ, adj., *B*. Qui a de gros membres. Dites *membru*.

MÉNUSIER, s. m., *B*. Ouvrier qui travaille le bois. Dites *menuisier*.

MÉRELLE, s. f., *B*. Jeu d'enfant où l'on pousse un palet avec le pied dans des cases tracées d'avance. Ce mot n'est plus usité. On dit aujourd'hui *la marelle*.

MÉSENTENDU (UN), *B*. Dites *malentendu*.

MESSELIER, s. m., *B*. Celui qui garde les récoltes. Dites *messier*.

METTRE LES POUCES, *L. v.* Se rendre, céder après une résistance plus ou moins longue; *faire mettre les pouces*, humilier quelqu'un qui avait trop de prétention, le réduire à faire ce que l'on veut. Ces expressions, admises par le nouveau *Dictionnaire de l'Académie*, paraissent être de purs barbarismes. Elles ne signifient rien ni au propre ni au figuré : y a-t-il aucune expression française du même sens dont elles puissent être venues par corruption? Je l'ignore. On dit très-bien *serrer les pouces à quelqu'un*, c'est-à-dire le contraindre par menaces à faire ce que l'on veut; et cette expression s'explique d'elle-même. Mais *mettre les pouces*, où? dans quoi? comment? Il est impossible de le dire; il vaut mieux rejeter l'expression.

MEULIÈRE, s. f., **MOLIÈRE**, s. f., **MOLAIRE**, adj. et s. f., *Par*. La *meulière* est une pierre fort dure dont on fait les meules de moulin; une *molière* est une carrière d'où l'on tire ces pierres. On appelle aussi *terre molière* une terre grasse et marécageuse. On appelle enfin *molaires* ou *dents molaires* les grosses dents qui servent à broyer les aliments.

MIDI, s. m., **MINUIT**, s. m. Ces mots sont du singulier et du masculin. Dites donc à *midi précis*, à *minuit précis*, et non pas à *midi précise*, à *minuit précise*, comme on dit avec le nom des heures. Dites de même *sur le midi*, *sur le minuit*, et non *sur les midi* ou *les minuit*, comme on dit quelquefois à tort, et par une fausse analogie avec *les dix heures*, *les onze heures*, etc.

MIER LE PAIN, *B*. Mettre le pain en miettes. Dites *émier* ou *émietter*.

MIEUX (IL DANSE OU IL CHANTE **DES**). Dites il danse ou il chante *au mieux ;* ou il est de ceux qui dansent ou chantent *le mieux*. L'Académie admet l'expression *chanter des mieux ;* mais on ne voit pas comment on peut l'analyser.

MIGNATURE, s. f., *B.* Dessin, portrait dans de petites dimensions. Ce mot, prononcé comme il est écrit ici, est bien dit, mais il faut l'écrire *miniature*.

MIGNOTISES, s. f., *B.* Gentillesses affectées. Dites *mignardises, minauderies.* — Celui ou celle qui les fait, dites *mignard, mignarde, minaudier, ière.*

MINABLE (AVOIR L'AIR), *B.* Dites *l'air misérable ; minable* ne signifie rien du tout.

MINUIT (SUR LES). Dites *à minuit, vers minuit,* ou *sur le minuit. Minuit* était autrefois féminin : *la mi-nuit,* la moitié de la nuit. Il est aujourd'hui masculin et n'a pas de pluriel. — Voy. MIDI.

MIRONTON, s. m., *B.* Mets composé de tranches de bœuf ou de mouton déjà rôties, qu'on assaisonne avec du vinaigre, des échalotes, des cornichons, etc. Dites *miroton.*

MISSERGENT (POIRES DE), *B.* Dites *poires de messire Jean.*

MITES, s. f., *B.* Gants de femme, qui n'ont que le pouce. Dites *mitaines :* Voilà de *jolies mitaines.*

MOGNEAU, s. m., *B.* Sorte d'oiseau très-commun. Dites *moineau.*

MOGNON, s. m., *B.* Partie qui reste du bras ou de la cuisse quand ils ont été coupés. Dites *un moignon.*

MOI-Z-Y, TOI-Z-Y, MOI-Z-EN, TOI-Z-EN, dans *mène-moi-z-y, amuse-toi-z-y, donne-moi-z-en, sers-toi-z-en.* Ce sont d'affreux barbarismes auxquels bien des personnes se laissent aller par analogie de son avec les pronoms du pluriel : *mène-nous-y, amusez-vous-y, donnez-nous-en, servez-vous-en.* Mais il est facile de voir qu'ici les mots ne sont pas altérés, et qu'on n'a pas à introduire cette lettre parasite *s* ou *z*. La vraie construction est *mène-m'y, amuse-t'y, donne-m'en, sers-t'en.* Si on trouve ces finales trop dures, il faut tourner sa phrase autrement.

MOINS QUE LE DEMANDER (VOUS NE L'AUREZ PAS **A**), *L. v.* Dites *à moins de le demander* ou *à moins que de le demander. A moins* devant un infinitif veut la préposition *de,* seule ou précédée de *que.* La forme *à moins que de* est plus ancienne.

MOINS QUE DE MILLE FRANCS (JE NE LE FERAI PAS **A**),

Sol. Dites *à moins de mille francs. A moins* suivi d'un substantif exprimé ou sous-entendu veut seulement la préposition *de*.

MOITIÉ DE SIX EST DE TROIS (LA), *Sol.* Dites *est trois;* car la préposition *de* ne peut tomber que sur le nombre dont on désigne la moitié, et non sur cette moitié elle-même. —Voy. QUART, TIERS.

MOLAIRE, adj. et s. f. Voy. MEULIÈRE.

MOLETTE DE BEURRE, *B.* Dites *pain de beurre.*

MOLIÈRE, s. f. Voy. MEULIÈRE.

MON, MA, MES, avec *avoir*, etc., *Pl. J'ai mal à ma tête* est une mauvaise locution. L'adjectif *ma* exprime une relation de propriété, et cette relation est déjà évidente par ces mots *j'ai mal*, puisqu'on ne peut avoir mal à la tête d'un autre. Il y a donc une véritable superfluité dans le mot *ma;* il faut dire *j'ai mal à la tête;* dites de même : *j'ai mal aux dents* et non *à mes dents; je me suis coupé au doigt*, et non *à mon doigt;* je me suis brûlé *la langue*, et non *ma langue*, etc.

MONEAU, s. m., *B.* Passereau. Dites *un moineau.* Voy. MOGNEAU.

MONTER EN HAUT, *Pl.* C'est un pléonasme à éviter, à moins qu'on ne détermine jusqu'à quelle hauteur on veut monter, comme dans *monter tout en haut.*

MORAL, adj., **IMMORAL**, adj. Ces mots se disent plutôt des choses que des personnes.

MORDERAI (JE), v., *B.* Dites et écrivez *je mordrai*, de l'infinitif *mordre.*

MORDURE, s. f., *B.* Marque faite en mordant. Dites *une morsure.*

MORDRE, v., Voy. TORDRE.

MORIBONE (ELLE EST), *B.* Dites elle est *moribonde; moribond* prend un *d* au masculin.

MORIGINER SES ENFANTS, *B.* Les tenir avec sévérité; ne pas leur passer leurs fautes. Dites *morigéner.*

MORS DE PAIN, *L. v.* Dites *bouchée de pain.* Le mot *mors* venu de *morsus*, et qui signifia originairement *ce qui est* ou *peut être mordu*, ne s'applique plus qu'à la pièce de métal qu'on met dans la bouche du cheval.

MORSILLER, v., *B.* Diminutif et fréquentatif de *mordre.* Dites *mordiller.*

MORT (A LAVER LA TÊTE D'UN), ON PERD SON SAVON. *L. v.*

Écrivez et prononcez *la tête d'un Maure*. Voy. l'article suivant.

MORT (FROMAGE TÊTE DE), *L. v.* C'est *tête de Maure* qu'il faut dire. C'est une sorte de fromage de Hollande dont la forme et la couleur rappellent assez la tête d'un Maure. L'habitude que nous avons prise d'écrire ce mot *More* et de le prononcer avec un *o* ouvert, favorise beaucoup cette confusion d'idées.

MORT-IVRE. État d'un homme qui a perdu la raison et le sentiment pour avoir trop bu. Dites plutôt *ivre-mort.*

MOUCHER UNE LUMIÈRE, *L. v.* Du Tremblay a dit dans une de ses fables :

> Il se portait à la lumière,
> Toujours tout prêt à la moucher.

Où l'auteur a-t-il jamais entendu dire *moucher une lumière?* On mouche une chandelle parce qu'elle a une mèche que l'on coupe. *Moucher une lumière* est à la fois un barbarisme et un non-sens.

MOUCHETTE, s. f., *L. v.* Instrument pour moucher la chandelle. Ce mot ne s'emploie qu'au pluriel dans ce sens : *des mouchettes, une paire de mouchettes.*

MOUCHON, s. m., *B.* Le bout de la mèche d'une chandelle allumée. Dites le *moucheron*. Et l'on appelle *mouchures* ce qu'on en a retranché ordinairement avec les *mouchettes.*

MOULE (JETER AU), *L. v.* Dites *jeter en moule.*

MOUSSEUX, adj., **MOUSSU**, adj., *Par. Mousseux* signifie *qui mousse : du vin mousseux, de la bière mousseuse. Moussu* veut dire couvert ou garni de mousse : *arbre moussu, pierre moussue.*

MOUSSU. Voy. MOUSSEUX.

MOUTARDELLE, s. f., *B.* Gros saucisson qui vient d'Italie. Dites *une mortadelle.*

MOYENNANT QUE, *L. v.* Cette conjonction composée n'est pas admise; il faut dire *pourvu que, à condition que.*

MULATRESSE, s. f. Ce mot n'est que toléré par l'Académie (au mot *mulâtre*); mais il est dans l'analogie des adjectifs terminés en *e* muet, et pris substantivement : on dit une *pauvresse* pour *une femme pauvre;* une *poëtesse* pour une *femme poëte;* une *prophétesse* pour une *femme prophète;* une *négresse* pour *une femme nègre*, etc. On doit donc dire une *mulâtresse* pour une femme *mulâtre.*

MUSCATE, adj. f., *B*. Dites *muscade;* l'adjectif *muscat*, tiré du mot *musc*, fait au féminin *muscade : raisin muscat*, *noix muscade*, *rose muscade*.

MUTUELLEMENT (ILS SE SONT **ENTRE-NUI**), *Pl*. Dites *ils se sont entre-nui*. Il y a des verbes essentiellement réciproques; ceux, par exemple, qui, commençant par la préposition *entre*, ne peuvent pas marcher sans le pronom réfléchi devant eux. Avec ces verbes, les adverbes *mutuellement*, *réciproquement*, ou les mots d'un sens équivalent, font nécessairement pléonasme.

N

NA (JE NE VEUX PAS), *B*. Dites *je ne veux pas*, *là*.

NAVOT, s. m., *B*. Sorte de légume. Dites *navet*.

NE. La suppression de la négation *ne* rend souvent des phrases tout à fait fautives; il faut avoir soin de ne la supprimer que dans des locutions reçues et autorisées; partout ailleurs ce sont de grossiers solécismes qui n'ont pas même pour excuse le prétexte de rapidité. Exemples : « C'est délicat, *point tortueux*, *point cupide*. » (Picard, *la Vieille Tante*.) Dites *ce n'est point tortueux*, *ce n'est point cupide*.

NE, QUE, SEULEMENT. Voy. SEULEMENT.

NÉ, adj., **NEZ**, s. m., *Par*. — *Né* est le participe passé du verbe *naître : Il est né à Paris; elle est née en* 1840. Le *nez* est l'organe de l'odorat; le *z* y est toujours muet, même devant une voyelle.

NEZ, s. m. Voy. NÉ.

NENTILLES, s. f., *B*. Sorte de légume. Dites *lentilles*.

NIGUEDOUILLE, s. m., *B*. Sot, niais. Dites *nigaud*.

NOBLE ÉPINE, s. f., *L. v*. Nom donné par corruption à l'arbrisseau qu'il faut nommer *aubépine*, c'est-à-dire *épine blanche*.

NOGAT, s. m., *B*. Sorte de gâteau composé de sucre à l'état de caramel et d'amandes. Dites *du nougat*.

NOURRICEUX, s. m., *B*. Le mari d'une nourrice. Dites *nourricier*, *le père nourricier*.

NOURRISSAGE, s. m., *B*. Prix convenu pour nourrir un enfant. Ce mot n'est pas français. L'Académie n'admet que la *nourriture*, qui ne rend pas l'idée exprimée par *nourrissage*.

NOUVEAU (SAVEZ-VOUS QUELQUE)? *L. v*. Dites *quelque*

nouvelle, ou bien *savez-vous du nouveau*, *quelque chose de nouveau ?*

O

OBÉRÉ DE DETTES, *Pl.* — *Obéré* est tiré d'un mot latin qui signifie *endetté*. Il faut donc dire *obéré* tout simplement, ou *perdu de dettes*, *chargé de dettes*, etc.

OBSERVER. C'est faire une observation pour soi-même et non pas la faire à un autre. Ne dites jamais *je vous observe que*, mais *je vous fais observer que ;* ni *je lui ai observé*, mais *je lui ai fait observer.*

OBTENTION, s. f. Voy. OSTENSION.

OISELEUR, s. m., **OISELIER**, s. m., *Par.* L'*oiseleur* est celui qui prend des oiseaux ; l'*oiselier* est le marchand qui les vend.

OISELIER, s. m. Voy. OISELEUR.

OISEUX, adj., **OISIF**, adj., *Par. Oiseux* s'applique aux choses et signifie qui ne sert à rien : *un discours oiseux*, c'est-à-dire inutile ; *une épithète oiseuse*, qui ne dit rien du tout. *Oisif* s'applique aux personnes qui ne font rien ou n'ont rien à faire : *Il est resté oisif toute cette semaine.*

OISIF, adj. Voy. OISEUX.

OLOGRAPHE, adj., **AUTOGRAPHE**, adj., *Par.* Ces deux mots sont tirés du grec. Le premier veut dire *écrit tout entier :* un testament *olographe* est celui qui est tout entier de la main du testateur. *Autographe* signifie *écrit par lui-même :* on donne ce nom à tous les morceaux ou fragments écrits de la main même de l'auteur.

OLOGRAPHE, adj. Voy. HOLOGRAPHE.

OMBRAGÉ, adj. Voy. OMBREUX.

OMBRAGEUX, adj. Voy. OMBREUX.

OMBRE, s. f., **HOMBRE**, s. m., *Par.* L'*ombre* est l'absence de la lumière; l'*hombre* est un jeu de cartes.

OMBRE, s. f., **UMBLE**, s. m. (prononcez *omble*). L'*ombre* est l'absence de la lumière; l'*umble* est un poisson qui a beaucoup de rapport avec la truite. L'Académie dit qu'on prononce souvent *ombre* dans ce sens; elle devrait blâmer cette confusion.

OMBRÉ, adj. Voy. OMBREUX.

OMBREUX, adj., **OMBRAGÉ**, adj., **OMBRAGEUX**, adj., **OMBRÉ**, adj., *Par. Ombreux*, vieux mot rajeuni par

Delille, signifie où il y a beaucoup d'ombre : *forêt ombreuse*. *Ombragé* veut dire qui a de l'ombrage, c'est-à-dire des arbres qui le donnent : *chemin ombragé d'ormes*. *Ombrageux* ne se dit que des animaux sujets à avoir peur : *cheval ombrageux*. *Ombré* est un terme d'art ; il indique qu'on a représenté non-seulement les linéaments des corps, mais les accidents d'ombre ou de lumière : *tête ombrée, dessin ombré*.

ONGLE LONGUE, *Sol*. Dites *ongle long ; ongle* est du masculin. Il était autrefois du féminin, comme le mot latin *ungula*, dont il est tiré ; et c'est pour cela qu'on voit encore dans La Fontaine : *son ongle maligne*. Mais aujourd'hui le genre masculin est seul admis.

ONGLET, s. m., *L. v.* Ce qui garantit le doigt. Dites *doigtier :* J'ai acheté un *doigtier*, et non pas un *onglet*. L'*onglet* est une bande de papier ou de parchemin que l'on coud au dos d'un livre en le reliant, pour y coller des estampes.

OR DONC. Ces deux mots peuvent être employés fort à propos ou former un mauvais pléonasme. Ils s'emploient dans les arguments : le premier, dans le sens de *à cette heure*, *maintenant*, *de plus*, pour énumérer et distinguer les raisons ; le second, dans le sens de *par conséquent*, pour conclure : Dieu est juste ; *or* vous l'offensez sans cesse : *donc* il vous punira. Ce serait parler d'une manière détestable que de dire : Dieu est juste et vous l'offensez : *or donc* il vous punira. *Donc* suffit ; *or* est ici pire qu'un pléonasme : c'est un contre-sens, puisqu'il devait séparer les deux raisons données d'abord, et que, ne l'ayant pas fait quand cela était possible, il se présente à présent qu'il ne peut plus rien. Il n'en est pas de même quand *or donc* commence un discours, comme dans ce vers du *Démocrite* de Regnard :

> *Or donc*, pour rattraper le fil de mon discours ;

c'est-à-dire *à présent donc*, *pour rattraper*, etc. Ce sens est parfaitement net, et l'expression est irréprochable.

ORAGAN, s. m., *B.* Dites *ouragan*.

ORAGEUSE (TEMPÊTE), *Pl.* Dites *tempête* tout simplement.

ORGELET, s. m., **ORGUEILLEUX**, adj., *Par.* L'*orgelet* (ou *grain d'orge*) est une petite tumeur inflammatoire sur le bord libre des paupières ; *orgueilleux* est un adjectif et signifie *rempli d'orgueil*. N'est-il pas ridicule d'appliquer, comme on le fait si souvent, le nom d'un vice à un bouton, et de dire de quelqu'un qu'il a un *orgueilleux à l'œil gauche ?*

ORGUEILLEUX, s. m. Voy. ORGELET.

ORMEAU (UN VIEIL), *L. v.* Dites *un vieil orme; les ormeaux* sont de jeunes ormes.

ORMOIRE (UNE), *B.* Dites *une armoire.*

ORTHOGRAPHER (IL SAIT BIEN), *B.* Dites *orthographier.* Ce mot ne vient pas d'*orthographe*, mais d'*orthographie*, qui est le nom ancien et analogique de cette science. Voy. ce mot.

ORTHOGRAPHIE, s. f. L'*orthographie* est nommée ordinairement *orthographe ;* c'est à tort et contre toute analogie, car, dans les mots tirés du grec, la terminaison *graphie* désigne toujours la science, et la terminaison *graphe*, le savant : la *géographie* et un *géographe;* l'*hydrographie* et un *hydrographe;* la *cosmographie* et un *cosmographe.* Il en est de même pour des mots d'autres familles : la *géométrie* et un *géomètre;* l'*astrologie* et un *astrologue;* la *philosophie* et un *philosophe;* l'*astronomie* et un *astronome;* c'est donc l'*orthographie* qu'il faudrait dire en parlant d'une écriture correcte; et on parlait en effet ainsi autrefois. Mais l'usage ayant admis le mot *orthographe* et rejeté celui d'*orthographie*, il faut dire, comme tout le monde, l'*orthographe.*

OSTENSION, s. f., **OBTENTION**, s. f., *Par.* L'*ostension* est l'action de montrer, et l'*obtention* celle d'obtenir.

OSTINÉ, adj., *B.* Entêté, tenace. Dites *obstiné.*

OU, conj., **A**, prép. Ces deux mots sont quelquefois confondus comme s'ils étaient paronymes. Dites : Il y avait *sept ou huit personnes*, et non *de sept à huit personnes;* car *à* suppose un intermédiaire entre les deux termes, et il ne peut y en avoir entre sept et huit.

OU et **Y**, se rapportant au même mot dans le même membre de phrase, forment un pléonasme bien vicieux : *La ville où nous y entrâmes deux jours après.* Dites *où nous entrâmes ;* ou bien *et nous y entrâmes*, car *où* signifie *dans laquelle ville; y* signifie *dans cette ville.* Les deux mots ensemble veulent donc dire nous entrâmes *dans laquelle ville, dans cette ville.* Peut-on parler plus mal?

OUBLI, s. m., **OUBLIE**, s. f., *Par.* L'*oubli* est le manque de souvenir, le défaut de mémoire; une *oublie* est une espèce de pâtisserie fort mince cuite entre deux fers. On lui donne souvent le nom de *plaisir.*

OUBLIE, s. f. Voy. OUBLI.

OUBLIEUR, s. m., **OUBLIEUX**, adj., *Par.* — *Oublieux* est un adjectif et signifie qui est sujet à oublier : Les vieillards sont *oublieux.* L'*oublieur* est celui qui vend des oublies.

— L'Académie dit que ce mot se prononce *oublieux;* alors on ferait mieux de l'écrire ainsi; car la terminaison *eur* se rapportant toujours à un verbe, on est porté à donner à ce mot le sens qu'il n'a pas.

OUBLIEUX, s. m. Voy. OUBLIEUR.

OUETTE, s. f., *B.* Ancien mot français. On écrit aujourd'hui *ouate*, et l'on prononce *ouète*, selon le *Dictionnaire de l'Académie;* mais, en général, on prononce comme on écrit.

OUILLER LE VIN. C'est-à-dire remplir avec du vin le vide des tonneaux. Molard, qui rapporte ce terme, dit qu'il manque à la langue et qu'il faut dire *remplir des tonneaux.* Cela est vrai ; mais ce mot *ouiller,* qui ne se rattache à rien, n'est-il pas une mauvaise prononciation de *mouiller?*

OURSIN, s. m., **OURSON**, s. m., *Par.* L'*oursin* est un coquillage; l'*ourson* est un petit ours. Ne dites donc pas d'un vêtement fourré qu'il est doublé d'*oursin*, mais d'*ourson.*

OURSON, s. m. Voy. OURSIN.

OUSQUE, *B. Ousqu'il est?* mauvaise contraction des mots *où est-ce que.* Dites *où est-ce qu'il est?* ou, plus brièvement, *où est-il?*

OUTRE DE CELA (EN), *Sol.* Dites *outre cela*, ou *en outre*, sans complément, et non pas *en outre de cela.*

OUVRABLE, adj. Voy. OUVRIER.

OUVRIER, s. m., **OUVRABLE**, adj., *Par.* L'*ouvrier* est celui qui travaille de ses mains; *ouvrable* est un adjectif qui s'applique aux jours pendant lesquels l'Église permet de travailler : ce sont les *jours ouvrables*, qui s'opposent aux *jours fériés.* L'Académie admet dans le même sens le nom de *jour ouvrier;* mais il est évident que ce mot ne s'est introduit que par l'ignorance de la bonne expression. L'ancien *Dictionnaire de l'Académie* remarquait, à propos de ce mot, que le *peuple* l'employait plutôt que celui de *jour ouvrable.* Si le peuple avait bien connu celui-ci, il n'eût pas employé l'autre.

OUVRAGE, s. m. Ce mot, qui était quelquefois du féminin du temps de Louis XIV, surtout en parlant des ouvrages des femmes, est toujours du masculin aujourd'hui. Ne dites donc pas *une belle ouvrage*, mais *un bel ouvrage.*

P

PAILLASSE, s. f., *L. v.* Ouvrage d'osier où l'on met le pain pour le porter au four. Dites *panier à pain.* La *paillasse* est une sorte de matelas de paille sur lequel on s'étend pour dormir, ou qu'on met sous les autres matelas.

PAILLÉ (DU VIN), *B*. Dites *du vin paillet.*

PAIN ENCHANTÉ, *L. v.* Les pains à cacheter sont bien connus à Paris et dans les villes où l'on écrit et cachette beaucoup de lettres. Ailleurs ils le sont moins, et ont conservé mal à propos le nom qu'on avait donné à la feuille de pâte très-légère et sans levain dans laquelle on découpe les hosties. Cette pâte s'appelait *pain à chanter la messe*, et, par abréviation, *pain à chanter;* mais *pain à chanter* tout seul est à peine construit; et il est difficile, si l'on n'est prévenu, d'en comprendre le sens. De prétendus puristes en ont fait *pain enchanté*, qui, s'il n'a pas non plus le sens commun, leur semble du moins construit d'une manière plus correcte. C'est toujours une faute grossière. Il faut dire *pain à cacheter.*

PALEFERMIER ou **PALEFERNIER**, s. m., *B*. Celui qui a soin des chevaux. Dites *palefrenier.* On appelait autrefois *palefroi* un cheval de parade; le *palefrenier* était celui qui avait soin du *palefroi.* On a depuis généralisé le sens du mot.

PALISSADER, v. Voy. PALISSER.

PALISSER, v., **PALISSADER**, v., *Par.* — *Palisser*, c'est attacher à un treillage ou à des palis les branches des arbres fruitiers qu'on veut mettre en espaliers. *Palissader*, c'est entourer une fortification de palissades.

PANÉGÉRIQUE, s. m., *B*. Dites *panégyrique.* C'était, chez les Grecs, un éloge prononcé dans des assemblées générales appelées *panégyries.* Depuis, on a appliqué ce mot à l'éloge des saints.

PANNEAU, s. m. Pièce de bois qui se met en travers au-dessus d'une porte ou d'une fenêtre. Dites *linteau.* Le *panneau* est une pièce de bois ou de vitrage enfermée dans une bordure : *un panneau de vitres.*

PANTOMIME, s. m., **PANTOMIME**, s. f., *Par.* La *pantomime* est un jeu de théâtre où l'on exprime les actions et les sentiments par des gestes seulement; le *pantomime* est l'acteur qui joue la *pantomime.*

PANTOMINE, s., *B*. Dites *pantomime.*

PANTOUFLE (RAISONNER). Voy. RAISONNER.

PARAFE, s. m., **PATARAFFE**, s. f., *Par.* Le *parafe* ou *paraphe* est le trait par lequel on termine ou on enveloppe une signature; une *pataraffe* est une suite de traits mal formés, de lettres illisibles et mal écrites.

PARALLÉLIPIPÈDE, s. m. Terme de géométrie. Malgré l'autorité de l'Académie qui a consacré l'orthographe *parallélipipède*, il vaux mieux dire *parallélépipède*. C'est un corps enfermé sous six plans parallèles deux à deux : c'est ce que veulent dire les deux mots grecs *parallèle-épipède*.

PARAPEL, s. m., *B*. Muraille à hauteur d'appui le long d'un pont ou d'un quai. Dites *parapet*. Ce mot vient de l'italien *parapetto*, qui a le même sens.

PARASINE, s. f., *B*. Espèce de gomme jaunâtre qui sort des arbres résineux : c'est *poix-résine* qu'il faut dire.

PARCE QUE, PAR CE QUE, *Par. Parce que*, en deux mots, signifie *attendu que ; par ce que*, en trois mots, signifie *par cela que*, *par la chose* ou *les choses que :* il a montré *par ce qu'il a fait* qu'il était un bon citoyen.

PARDONNABLE (VOTRE FILS N'EST PAS), *L. v. Pardonnable* signifie qui peut être pardonné. Or, on pardonne les choses, on pardonne *aux personnes*. Une personne ne peut donc pas *être pardonnée*, mais bien *une faute*. Dites donc : *Votre fils* n'est pas *excusable*, ou *sa faute* n'est pas *pardonnable*.

PARDONNE PERSONNE (LA MORT NE), *Sol*. Dites *ne pardonne à personne. Pardonner* ne prend comme complément direct que le nom de la chose.

PAREPLUIE, s. m., *B*. Dites *parapluie*.

PARESOL, s. m., *B*. Dites *parasol*.

PAREVENT, s. m., *B*. Dites *paravent*. — Ces trois mots sont, dit-on, formés de la préposition grecque *para*, qui veut dire *contre*, et de *pluie*, *soleil* ou *vent*, mots d'origine latine. Ce serait une bien mauvaise composition de mots, et qui d'ailleurs ne serait pas comprise chez nous. Il est beaucoup plus probable que ces mots sont pour *pare-à-pluie*, *pare-à-sol*, *pare-à-vent*, dont la composition est toute française, et qui expriment exactement ce que l'on veut dire.

PARFAIT (AU), *L. v. Parfait* est un adjectif : Ce tableau est *parfait*, cette musique est *parfaite*. Il ne se prend pas substantivement ni avec une préposition pour dire *parfaitement*. Dites donc d'une femme qu'elle a chanté *parfaitement*, et non pas *au parfait*.

PARIURE, s. f., *B*. Dites *un pari* ou *une gageure*.

PARLER ET NE PAS SE TAIRE, *Pl*. Corneille a dit : *Trois sceptres.... parleront au lieu d'elle et ne se tairont pas.* Il est clair, s'ils *parlent*, qu'ils ne peuvent pas se *taire*. C'est un mauvais pléonasme.

PARTICIPER A, PARTICIPER DE, *Par.* — *Participer à*, c'est prendre part à une chose : un associé dans une affaire *participe aux* profits et *aux* pertes. *Participer de* signifie *tenir de la nature de :* le mulet participe *de* l'âne et *du* cheval.

PARTISANNE, s. f., *B.* C'est le féminin de *partisan ;* mais ce féminin, employé par quelques auteurs, n'a pas été adopté généralement.

PAS VRAI ? *Sol.* Cette interrogation est souvent employée dans la conversation pour *n'est-il pas vrai ?* et la rapidité du discours peut l'y excuser. Il faut au moins éviter de l'écrire et surtout ne pas lui donner de complément, comme l'a fait Beaumarchais dans la *Mère coupable* (acte V, sc. 3) : *Pas vrai qu'elle est ma fille?*

PASCAUX (DES CIERGES), *B.* Ce pluriel est tout à fait inusité ; *des cierges pascals* ne choque pas moins ; l'oreille le repousse avec raison. Au reste, on n'a guère à employer ce mot qu'au singulier.

PASSAGER, adj., **PASSANT**, adj., *Par. Passager* signifie ce qui passe, en ce sens que cela ne dure pas : la joie est *passagère*, des plaisirs *passagers*, des erreurs *passagères. Passant* signifie qui passe en marchant, comme *passant dans la rue*, un *passant*. Appliqué à un chemin, à une rue, il veut dire le chemin, la rue où l'on passe : *chemin passant, rue passante*. C'est une grosse faute de dire un *chemin passager*, une *rue passagère*.

PASSANT, adj. Voy. PASSAGER.

PASSER DU LINGE, *L. v.* Dites *repasser du linge.*

PASSOIRE (UN), *B.* Dites *une passoire.*

PATARAFFE, s. f. Voy. PARAFE.

PÂTÉ, s. m., **PÂTÉE**, s. f., *Par.* Le *pâté* est un mets fait par le pâtissier, et ordinairement enveloppé d'une croûte ; la *pâtée* est un mélange de pain et de viande hachée pour les animaux. Il faut donc dire donner la *pâtée* au chien, et non le *pâté*.

PÂTÉE, s. f. Voy. PÂTÉ.

PATENOTE, s. f., *B.* Dites *patenôtre.* Ce mot est formé des premiers mots de l'oraison dominicale, *Pater noster*, qui, accentués selon les règles de la prononciation latine, donnent en effet un son fort analogue à celui de *patenôtre*.

PATER, s. m., **PATÈRE**, s. f., *Par. Pater* est un mot latin qui signifie *père*, et qui est devenu le nom propre de l'oraison dominicale ; *patère* est un mot français féminin tiré du latin *patera*, qui signifie *coupe*, *tasse* : c'est un ornement rond qui supporte les rideaux d'une croisée, ou auquel on accroche un chapeau, un manteau, etc. Dites, dans ce cas, une *patère*, et non un *pater*.

PATÈRE, s. f. Voy. PATER.

PATIS, s. m., *L. v.* Espèce de poche que les oiseaux ont sous la gorge. Dites *jabot*. Un *patis* est une espèce de lande ou de friche où l'on met paître les bestiaux.

PATOU (PIGEON), *B.* Dites *pattu*.

PAYANT (UN MAUVAIS), *L. v.* Dites *un mauvais payeur* ou *une mauvaise paye*. — *Payant* ayant toujours un sens de participe et, par conséquent, d'adjectif, il faudrait évidemment dire un *malpayant*.

PÉCEAUX, s. m., *B.* Dites *des échalas*.

PÉCELER UNE VIGNE. Dites l'*échalasser*.

PÉCUNIER, adj., *B.* Qui regarde l'argent, qui s'y rapporte. Dites *pécuniaire*.

PÉDALE, s. f., **PÉTALE**, s. m., *Par.* La *pédale* est un gros tuyau d'orgue qu'on fait parler avec le pied ; le *pétale* est une des divisions ou feuilles qui composent la corolle d'une fleur.

PEINE, s. f., **PÊNE**, s. m., **PENNE**, s. f., *Par.* La *peine* est l'opposé du plaisir; le *pêne* est le morceau de fer qui sort de la serrure et s'engage dans un crampon pour fermer une porte; les *pennes* sont les grandes plumes qui forment la queue de certains oiseaux.

PEINTE, adj., **PINTE**, s. f. *Peinte* est le participe passé féminin du verbe *peindre : cette toile est peinte*. La *pinte* est une mesure de capacité un peu moins forte que le litre.

PÈNE, s. m. Voy. PEINE.

PENNE, s. f. Voy. PEINE.

PENSER, v. Dites *j'ai à penser à bien d'autres choses*, et non pas *j'ai d'autres choses à penser*. Cette dernière phrase est un solécisme.

PENSUM, s. m. Voy. PINÇON.

PÉPIE, s. f., **PIPÉE**, s. f., *Par.* La *pépie* est une petite peau blanche qui vient quelquefois au bout de la langue des oiseaux et les empêche de boire ; la *pipée* est une sorte de chasse où l'on contrefait le cri de la chouette pour attirer des oiseaux sur des gluaux, où ils se prennent.

PERCLUE, adj. f., *B.* Dites *percluse ;* le masculin est *per-*

clus : cet homme est *perclus*, cette femme est *percluse* de tous ses membres.

PERDERAI (JE), *B.* Dites et écrivez *je perdrai*, de *perdre.*

PERDRIGONE, s. f., *B.* Sorte de prune. Dites *perdrigon*, m.

PERFECTION (A LA), *L. v.* On dit *En perfection;* c'est une façon de parler adverbiale qui signifie *parfaitement :* Il travaille *en perfection ;* elle joue du luth, de la guitare *en perfection. A la perfection*, employé dans ce sens, forme une locution barbare.

PERTE (A PURE), *L. v.* Dites *en pure perte :* J'ai fait là de grandes dépenses *en pure perte. A pure perte* n'est pas français.

PÉTALE, s. m. Voy. PÉDALE.

PÉTALES (LES) DE CETTE FLEUR SONT **NOMBREUSES**, *Sol.* Dites *sont nombreux. Pétale* est masculin.

PETASSER, v., *B.* Racommoder grossièrement de vieilles hardes. Dites *rapetasser.*

PETIT PEU (UN), *Pl.* Voy. PEU (petit).

PÉTRA ou **PÉTRAS**, s. m., *B.* Homme grossier, ignorant, embarrassé de ses mouvements. Cet mot est probablement pour *un gros empêtré.* Dites *un rustre, un rustaud.*

PÉTRIÈRE, s. f., *B.* Grand coffre de bois où l'on pétrit le pain. Dites *pétrin.*

PEU (**UN PETIT**). Pléonasme à éviter. Dites *un peu.* Toutefois, dans la conversation on admet cette expression comme représentant mieux la petitesse de la quantité.

PEUT (CETTE SALLE) **CENT PERSONNES**, *Sol.* Dites : Cette salle *peut contenir cent personnes.* C'est un solécisme de donner au verbe *pouvoir*, avec un sens qu'il n'a pas, un complément qu'il ne doit pas recevoir.

PEUT-ÊTRE POSSIBLE, *Pl.* Voy. POSSIBLE.

PIAILLARD, s. m., *B.* Qui crie beaucoup. Dites *piailleur*.

PICORÉE (LA). C'est le même sens que le mot *maraude.* Mais on dit *aller à la picorée* et non pas *en picorée*, quoiqu'on dise *aller en maraude* plutôt que *à la maraude.*

PIED BOT, s. m., **PIED BEAU**, s. m., *Par.* Ces mots ne se prononçaient pas de même autrefois ; l'*o* était ouvert dans *bot*, et l'on faisait légèrement sonner le *t;* aujourd'hui *pied bot*, qui signifie un *pied contrefait*, se prononce exactement comme *pied beau*, qui voudrait dire tout le contraire. Du reste, cette paronymie n'a pas de grands inconvénients, parce que, dans ce dernier sens, on dirait toujours *beau pied*. Toujours vaudrait-il mieux que des idées si disparates ne fussent pas exprimées par des sons semblables.

PIED-DE-ROI, s. m. Voy. PIED-DROIT.

PIED-DROIT, s. m., **PIED-DE-ROI**, s. m., *Par. Pied-droit* est un terme d'architecture désignant la maçonnerie destinée à soutenir une voûte; le *pied-de-roi* est l'ancienne mesure de longueur qui valait douze pouces ou le sixième de la toise.

PIFFRER (SE), v. Manger avec excès. Dites *s'empiffrer*.

PIGRIÈCHE, s. f., *B*. Dites et écrivez *pie-grièche*. *Grièche* est un adjectif féminin qui ne s'applique qu'à une espèce de pie et à une espèce d'ortie.

PILLIOT, s. m., *B*. Petit d'une poule. Dites un *poussin*.

PILLOCHER, v., *B*. Manger négligemment. Dites *pignocher*.

PINCE, s. f., **PINCETTES**, s. f., *Par. Pince* se dit d'une sorte de longue tenaille à l'aide de laquelle on remue les grosses bûches dans le feu. Les *pincettes* sont un instrument à deux branches pour manier le feu.

PINCER LA GUITARE, *L. v*. Dites *pincer de la guitare*. Voy. TOUCHER.

PINCETTES, s. f. Voy. PINCE.

PINÇON, s. m., **PINSON**, s. m., **PENSUM**, s. m., *Par*. Le *pinçon* est la marque qui reste sur la peau quand on s'est pincé fortement; le *pinson* est un petit oiseau du genre gros-bec; le *pensum*, que quelques-uns prononcent aussi *pinson*, mais qu'il vaut mieux prononcer *pinsome*, est un devoir imposé à un écolier comme punition.

PINE-VINETTE, s. f., *B*. Arbrisseau garni de piquants. Dites *épine-vinette*.

PINSON. Voy. PINÇON.

PINTE, s. f. Voy. PEINTE.

PIPÉE, s. f. Voy. PÉPIE.

PIPER, v., *L. v*. Brûler du tabac dans une pipe. Dites *fumer du tabac* ou absolument *fumer*. *Piper*, c'est contrefaire la voix des oiseaux, et par suite, tromper.

PIPITRE, s. m., *B*. Dites *pupitre*.

PIRE (TANT). Dites *tant pis*. *Pire* est l'adjectif, et correspond à *meilleur; pis* est le substantif pris adverbialement : *le pis de l'affaire, il a fait bien pis;* il correspond exactement à *mieux*. Il faut donc dire *tant pis*, comme on dit *tant mieux*.

PIRE (PLUS), *L. v.* Ce mot *plus pire*, employé quelquefois par les hommes qui ne savant pas le français, est un pléonasme aussi ridicule que *plus meilleur*, *plus supérieur*, etc.

PIS QUE LA SIENNE (VOTRE CONDUITE EST), *L. v.* Dites *est pire*. C'est ici l'adjectif qui se rapporte à *conduite*.

PITIEUSEMENT, adv., *B.* Dites *piteusement*.

PITIEUX, adj., *B.* Qui excite la pitié. Dites *piteux* : *un spectacle piteux*, *une mine piteuse*.

PLAIN, adj., **PLEIN**, adj., *Par. Plain* signifie *plat*, *uni*; *plein* veut dire *rempli*.

PLAINE, s. f., **PLEINE**, adj., *Par. Plaine* est le féminin de *plain*, pris substantivement pour une campagne plane, unie. *Pleine* signifie *remplie* : une *assiette pleine*.

PLATINE, s. f., **PLATINE**, s. m., *Par.* La *platine* est par son étymologie une pièce plate; on donne ce nom, selon les circonstances, à divers ustensiles, à diverses parties d'instruments. Le *platine*, appelé autrefois *or blanc*, et auquel un grand nombre de personnes donnent à tort le genre féminin, est un métal découvert en Amérique en 1780, et dont on fait aujourd'hui beaucoup d'usage.

PLATRE. Voy. EMPLATRE.

PLATREUR, s. m., *B.* Celui qui fait le plâtre ou qui le vend. Dites *plâtrier*

PLEIN (TOUT). Il a *tout plein* de bontés pour quelqu'un. Dites *il est tout plein* de bonté, ou *il a beaucoup de bonté*. *Tout plein* est une sorte de superlatif qui ne se peut dire que d'un vase, ou de ce qu'on assimile à un vase.

PLEIN-PIED (DE), *L. v.*, par confusion d'orthographe. Dites de *plain-pied* : *Cinq pièces de plain-pied*, c'est-à-dire qu'on parcourt de *pied plain* (sans le hausser ni le baisser).

PLEIN, adj. Voy. PLAIN.

PLEINE, adj. f. Voy. PLAINE.

PLIER, v., **PLOYER**, v., *Par. Plier*, c'est faire des plis, mettre en un ou plusieurs doubles : *plier du drap*, *plier une lettre*. *Ployer*, c'est courber, faire fléchir.

PLOTTE, s. f., *B.* Dites et écrivez *pelote*.

PLOYER, v. Voy. PLIER.

PLURÉSIE, s. f., *B.* Dites *pleurésie*.

PLUS QUE CENT FRANCS (J'AI DÉPENSÉ), *Sol.* Dites *plus de cent francs. Plus* est un nom de quantité qu'on prend adverbialement devant un adjectif, mais qui veut *de* avant le substantif qui suit : Ce livre a coûté *plus de six francs;* nous avons fait *plus de vingt lieues.* Par la même raison, on doit dire du vin *plus d'à moitié bu*, il est *plus d'à demi mort*, et non pas du vin *plus qu'à moitié bu*, il est *plus qu'à demi-mort*, parce que *à moitié, à demi*, sont considérés ici comme des noms.

PLUTOT QUE JE NE CROYAIS (IL EST ARRIVÉ). Écrivez *il est venu plus tôt. Plus tôt* a rapport au temps et est l'opposé de *plus tard :* Il partira *plus tôt. Plutôt* éveille une idée de préférence. L'Académie admet aussi *plutôt* dans le cas du temps. Mais notre orthographe est la plus sûre.

PLUVIGNER, v., *B. Il pluvigne*, c'est-à-dire il tombe un peu de pluie, ou une pluie très-fine. Dites *il pleut* ou *il bruine.*

POINTILLEUR, s. m., *B.* Celui qui aime à pointiller, à contester. Dites *pointilleux.*

POITE, s. m., *B.* Écrivez et prononcez *poëte.*

POLÉMIQUE, adj. Ce mot, pris substantivement, signifie une lutte, un combat sur des matières littéraires ou philosophiques. Ne dites donc pas *un combat polémique*, c'est un mauvais pléonasme.

PORTABLE (CET HABIT N'EST PAS), *B.* Dites : il n'est pas *mettable.*

PORTANT, PORTANTE, adj. Ces participes variables ne s'emploient dans le sens de *se porter* qu'avec les adverbes *bien* et *mal : des hommes bien portants, une femme mal portante.*

PORTION, s. f., **POTION**, s. f., *Par. Portion*, partie d'une chose; *potion*, ce que l'on boit, surtout par raison de santé. Dites donc *une potion calmante*, et non *une portion calmante.*

POSSIBLE, adj. « Est-il *possible que vous serez* toujours embéguiné de vos apothicaires et de vos médecins? » (Molière, *le Malade imaginaire.*) C'est un solécisme. *Que* après *possible* veut le subjonctif.

POSSIBLE (CELA PEUT ÊTRE), *Pl.* Dites *cela est possible*, ou *cela peut être;* car *possible* signifie *ce qui peut être;* c'est donc dire deux fois la même chose. Par la même raison, n'employez pas l'adverbe composé *peut-être* avec le verbe *pouvoir* ou le mot *possible*, comme dans *je le pourrai peut-être, cela sera peut-être possible :* car cet adverbe garde toujours le sens de ses éléments, et il en résulte un redoublement oiseux et désagréable. Il faut toutefois observer que la pensée peut, dans ce cas, ne présenter aucun pléonasme. Qu'on me demande *si je puis rendre un service*, je réponds *je le pourrai peut-être*, c'est-à-dire que, par rapport à moi, *je le pourrai* en ce que j'ai les facultés nécessaires pour cela; mais, par rapport aux obstacles venus du dehors, je n'ai pas la même certitude, et j'ajoute *peut-être*. En un mot, *je le pourrai* et *je le pourrai peut-être* ne signifient pas exactement la même chose. Il n'y a donc pas pléonasme proprement dit. Mais, dans tous les cas, l'expression est désagréable, et on fait bien de l'éviter.

POSTHUME, adj., **APOSTUME**, s. m., *Par. Posthume* signifie *né après la mort*. Il s'applique à un enfant né après la mort de son père. *Apostume* est un ancien terme de médecine, remplacé aujourd'hui par *apostème*, plus conforme à l'étymologie grecque. Voy. l'article suivant.

POSTUME, s. m., *B*. Enflure avec putréfaction. Dites *un apostème*, ou, comme autrefois, un *apostume* (La Fontaine, *Fables*, liv. V, fab. 8). On voit par là comment le barbarisme *postume* s'est formé par une mauvaise abréviation et par la confusion avec le mot *posthume*.

POT (BÊTE COMME UN), *L. v.* Il faut dire *bête comme une oie*, car il est contradictoire d'appliquer à un pot l'épithète de *bête*. On dit bien de quelqu'un dont l'intelligence est fermée à toute connaissance, qu'il est *bouché comme un pot*, parce qu'en effet ces deux idées de *pot* et de *bouché* vont bien ensemble.

POT (SOURD COMME UN). Voy. SOURD.

POTION, s. f. Voy. PORTION.

POTURON, s. m., *B*. Gros fruit du genre des cucurbitacées. C'est *potiron* qu'il faut dire.

POUCE DU PIED, *L. v.* Dites *gros orteil*.

POUDRIER, s. m., **POUDRIÈRE**, s. f., *Par*. Le *poudrier* est le petit vase où l'on met la poudre pour sécher l'écriture. La *poudrière* est l'endroit où l'on fait la poudre à canon, et le magasin où on la conserve. On applique aussi ce nom au *poudrier*; mais il vaut mieux prendre ce masculin, qui écarte toute confusion.

POUDRIÈRE. Voy. POUDRIER.

POUILLER, v., *B*. Oter les poux. Dites *épouiller*.

POULICHE. Voy. BOULICHE.

POUMONIE, s. f., *B*. Maladie des poumons. Dites *pulmonie*.

POUR, prép. *Pour* est une préposition qui n'en veut pas une seconde devant un verbe. Dites donc *pour rire*, et non pas *pour de rire*. *Pour de bon* est aussi mauvais. Voy. TOUT DE BON.

POUR A L'ÉGARD DE VOTRE FRÈRE, *Pl*. Dites *pour votre frère*, ou *à l'égard de votre frère*.

POUR BOIRE (LE VIN EST FAIT), *L. v*. Avec *pour*, évitez les verbes actifs pris dans le sens passif. Ne dites pas *le vin est fait pour boire*, il est fait *pour être bu;* ni *le pain est fait pour manger*, mais bien *pour être mangé*. Celui qui parle ainsi entend que le vin est fait pour qu'*on le boive*, et le pain pour qu'*on le mange*. Mais il y a là un changement de rapport qui rend la phrase très-louche, si elle n'est pas tout à fait barbare.

POUR QUANT A MOI, *L. v*. Mauvais pléonasme et barbarisme de phrase, composé des deux expressions synonymes *pour moi* et *quant à moi*. Prenez l'une des deux seulement.

POURPE, s. f., **POURPEUX**, adj., *B*. Ce fruit n'a point de *pourpe*, c'est-à-dire de parties charnues. Dites *poulpe* ou *pulpe*, s. f., et *poulpeux*, *pulpeux :* poisson *poulpeux*, fruit *pulpeux*.

POURREAU, s. m., *B*. Plante potagère. Dites *porreau* ou *poireau*.

POURRETTE, s. f., *B*. Diminutif de *pourreau*. Dites *ciboule*.

POUSSEUX, adj., *B*. Plein de poussière. Dites *poudreux* ou *couvert de poussière :* des livres *poudreux*, des meubles *couverts de poussière*.

PRÊCHER PAR EXEMPLE, *Sol*. Dites *prêcher d'exemple*.

PRÉE (**UNE**), *Sol*. Une prairie; ce mot était autrefois féminin, comme on le voit encore dans *la prée-vallée*. Aujourd'hui, on le fait toujours masculin sous la forme *pré : le pré*, *les prés*.

PRÉOCCUPER (SE), *L. v*. Pour penser à une chose, ne pas la perdre de vue. Dites *s'occuper*. *Se préoccuper* est aujourd'hui employé dans ce sens par ceux qui savent mal le français, et le nombre en est grand; mais c'est un barbarisme. *Etre préoccupé* d'une idée, ou *s'en préoccuper*, c'est s'y livrer, en être occupé exclusivement à toute autre; et ce n'est jamais là ce que l'on veut dire.

PRÈS DE, **PRÊT A**, *Par*. *Près de* est une locution prépositive qui signifie *sur le point de :* Les beaux jours sont *près de finir*. *Prêt à* est un adjectif qui veut dire *disposé à*, et qui s'accorde avec le mot qu'il modifie : L'ignorant est toujours *prêt à s'admirer.* Ainsi, *près de la mort* et *prêt à la mort* ne présentent pas le même sens : le premier signifie *voisin* de la mort, et le second *préparé* à mourir.

PRÊT A, adj. Voy. PRÈS.

PREUVE, s. f. Ce mot est un barbarisme dans le sens de rejeton d'un cep de vigne mis en terre pour prendre racine. Dites *un provin.*

PRÉVALUE, s. f., *B.* La somme que vaut une chose au delà de ce qu'on l'avait estimée. Dites *la plus-value.*

PRÉVOIR D'AVANCE, *Pl.* Dites *prévoir; prévoir,* c'est *voir d'avance.*

PRIÉ-DIEU, s. m. Sorte de pupitre accompagné d'un marchepied sur lequel on se met à genoux pour prier Dieu. Ce mot, qui était seul français autrefois, ne l'est plus. On dit avec raison *un prie-Dieu*, et l'Académie a admis ce mot dans sa dernière édition.

PRIS (L'IDÉE LUI A), *L. v.* On dit en parlant d'une faiblesse corporelle qui s'empare de nous tout à coup : *Il m'a pris un saignement de nez, il m'a pris une suffocation*, etc. En parlant d'une idée, dites : *L'idée lui est venue d'écrire*, et non pas *lui a pris.*

PRIX (AU), AUPRÈS, *Par.* Ce n'est rien *auprès* de ce que vous allez voir, c'est-à-dire en comparaison; dites *du prix de. Auprès de* ne marque que la situation, le voisinage : Les étoiles disparaissent *auprès du soleil.*

PROFITER UNE CHOSE, *Sol.* Dites *d'une chose. Profiter* n'est pas transitif direct.

PROMENADE, s. f., **PROMENOIR**, s. m., *Par.* La *promenade* est l'acte de se promener ; le *promenoir* est le lieu où l'on se promène. Madame de Sévigné écrivait à son cousin de Bussy : « J'ai étendu mes *promenoirs* sans qu'il m'en ait coûté beaucoup. » En effet, elle avait acheté des terres et allongé les allées où elle se promenait. Si elle avait dit : J'ai allongé mes *promenades*, Bussy aurait cru que, sa santé s'étant fortifiée, elle allait se promener plus loin qu'auparavant. Cet exemple est curieux, parce qu'il montre que si le langage ordinaire prend par figure certains mots pour d'autres d'un sens voisin ou analogue; si l'on dit très-bien, par exemple : nous avons autour de cette ville de *jolies promenades*, au lieu de *jolis promenoirs*, il y a cependant des cas où cette substitution ne peut plus se faire sans inconvénient; et alors il faut reprendre le mot propre, même quand il est moins usité.

PROMETS (JE VOUS) **QUE J'Y SUIS ALLÉ**, *L. v.* Dites *je vous assure, je vous affirme que....* *Promettre* se dit de l'avenir et non du passé ou du présent. On dit très-bien *je vous promets que cela sera*, mais non *que cela s'est fait.*

PROPETTE (UNE SERVANTE), *B.* Dites *proprette.* C'est le féminin de *propret*, diminutif de *propre.*

PRORATA (A) **DE SA FORTUNE**, *L. v.* Dites *au prorata*, c'est-à-dire *à proportion*, *à raison*, etc.

PSEAUME, s. m., *B.* Écrivez *psaume.* L'*e* qu'on y avait intercalé pendant longtemps ne se rattachant à aucune étymologie et n'ayant aucune influence sur le son du mot, c'est avec raison qu'on y a renoncé.

PUBLIER SUR LES TOITS, *L. v.* « Vous attendiez que sa honte fût *publiée sur les toits.* » (Mercier, *Jenneval*, acte III, sc. 2.) On *crie* une chose sur les toits, on ne l'y *publie* pas.

PUIS ENSUITE, *Pl. Puis* signifie *après cela*, ou *ensuite. Puis ensuite* veut donc dire *après cela ensuite*, c'est-à-dire *ensuite*, *ensuite.* Ne prenez donc que l'une de ces expressions.

PURÉSIE (UNE), *B.* Dites *une pleurésie.*

PURGE (UNE), *L. v.* Dites *un purgatif.*

Q

QUAND, QUANT, *Par. Quand* est une conjonction qui signifie *lorsque* ou *dans quel temps? Quant* est toujours suivi de *à*, et signifie *à l'égard de*, *autant que cela concerne*; il se joint aux noms de personnes et de choses : *Quant à cette affaire*, je m'en inquiète peu.

QUANT. Voy. QUAND.

QUANT A MOI. Voy. TANT QU'A MOI.

QUANTIÈME (**QUEL**)? C'est un pléonasme vicieux, quoiqu'il soit usité et admis par l'Académie. *Quantième* est un adjectif interrogatif qu'on n'a pas besoin de doubler avec *quel.* Il faudrait dire simplement : *Quantième jour est-il aujourd'hui?* ou *A quantième jour du mois sommes-nous?* ou, enfin, *Dites-moi le quantième du mois*, en prenant ce mot substantivement.

QUART (DEUX HEURES ET), *L. v.* Dites *deux heures et un quart*, ou *deux heures un quart.* Toutefois, il n'y a pas de raison péremptoire pour blâmer la première locution.

QUART (LE) **DE HUIT EST DE DEUX.** Dites *est deux.* Voy. MOITIÉ, et DE.

QUARTIER. Voy. CARTIER.

QUE VOUS AUREZ BESOIN (JE VOUS DONNERAI CE), *Sol.* Dites *ce dont vous aurez besoin*, ou *de quoi vous aurez besoin. Avoir besoin* exige la préposition *de* devant son complément. —Voy. AUREZ.

QUE VOUS AVIEZ DIT (C'EST BIEN DIFFÉRENT), *Sol.* Dites *différent de ce que vous aviez dit. Différent* veut son complément avec *de*.

QUE VOUS ÉCRIVEZ (LA PLUME), *Sol.* Dites *la plume dont vous écrivez*, ou *avec laquelle vous écrivez.* Les formes de notre adjectif conjonctif sont assez variées, et l'emploi régulier en est assez difficile pour qu'un grand nombre de personnes s'y trompent. Dans ce cas-là, elles expriment toujours le sens conjonctif par le mot *que*, et laissent de côté, la plupart du temps, le sens de la préposition, comme on l'a vu dans les exemples précédents.

QUELQU'UN (**UN**). Ce pléonasme, admis autrefois, ne l'est plus du tout aujourd'hui.

QUÉRELLE, s. f., *B.* Écrivez et prononcez *querelle.*

QUI, **QUE.** Les conjonctifs *qui* et *que*, et de même les conjonctifs invariables *dont* et *où*, donnent lieu à des équivoques fâcheuses toutes les fois qu'il y a quelque indécision sur le mot auquel ils se rapportent. En voici quelques exemples : « Un cheval a démonté son cavalier, qui est tombé sur la voie publique et s'est ensuite élancé sur le trottoir.... » Qu'est-ce qui s'est élancé? Est-ce le cheval? est-ce le cavalier tombé? La suite du récit, seulement, montre que c'est le cheval. On croirait plutôt ici que c'est le cavalier, et que *qui* est sous-entendu. Le poëte Lemercier a dit dans *Plaute :*

> C'est le plus dur des pinces-mailles,
> *A qui* tirer de l'or arrache les entrailles.

De quel verbe *à qui* est-il le complément? Est-ce de *tirer de l'or?* est-ce *d'arracher les entrailles?* Il est toujours certain qu'il manque ici un régime, car la phrase complète serait « *lui* tirer de l'or, *lui* arrache les entrailles. » Dans tous les cas, la construction est mauvaise.

QUIDAN (UN), s. m., *B.* On donne ce nom à un homme qu'on ne connaît que pour l'avoir rencontré par hasard. Ce mot doit être écrit *quidam*, comme le mot latin d'où il est tiré, et qui a le même sens. Quant à la prononciation, c'est à tort que quelques-uns veulent le prononcer *kuidame*, comme nous prononçons le mot latin. Il doit être prononcé *kidan*, à la française.

QUINA, s. m. Dites *quinquina*.

QUINCER, v., *B*. Crier d'un ton aigre. C'est un barbarisme, forgé peut-être par une mauvaise application et une mauvaise prononciation du mot *grincer*.

QUOI (AVOIR DE), *L. v.* C'est une expression populaire, dit l'Académie; il est plus exact de dire que c'est un barbarisme, ou une abréviation barbare. Il faut dire d'un homme qu'*il a de quoi vivre, de quoi vivre à son aise; il a de quoi* n'est pas plus français que ne le serait *il a de qui*, pour *de qui tenir*, ou *vous trouverez à qui*, pour *à qui parler*.

QUOI QUE. Voy. QUOIQUE.

QUOIQUE, QUOI QUE, *Par. Quoique* en un mot est une conjonction, et a le sens de *bien que*. *Quoi que* en deux mots signifie *quelque chose que : Quoi que vous disiez*, on ne se rendra pas à vos raisons, c'est-à-dire *quelque chose que vous disiez*.

QUOIQUE ÇA, *L. v.* Il a éprouvé beaucoup de chagrin, *quoique ça* il se porte bien. C'est un barbarisme de phrase. Dites *malgré cela*. *Quoique ça* est encore une de ces ellipses que le bon usage ne saurait admettre. La phrase complète serait *quoique cela soit, quoi qu'il en soit*, etc.

R

RÂBLET, s. m., *B*. Pour désigner un homme robuste qui a le râble épais. Dites *râblu* : C'est un gros *râblu*.

RACHE, s. f., *B*. Maladie de malpropreté, sorte de gale ou de teigne. Ce mot, usité dans plusieurs provinces, appartient à l'ancienne langue française. Il n'est plus admis aujourd'hui.

RACHE-PIED, s. comp., *B*. J'ai travaillé six heures de *rache-pied*. Dites d'*arrache-pied*.

RACHÉTIQUE, adj., *B*. Dites *rachitique*.

RACLER LE VIOLON, *L. v.* Dites *racler du violon*. Voy. TOUCHER.

RACLOIR, s. m., **RACLOIRE**, s. f., *Par.* Le *racloir* est l'instrument avec lequel on racle. La *racloire* est une planchette qui sert à racler ou niveler une mesure de grains.

RACLOIRE, s. f. Voy. RACLOIR.

RADÉE, s. f., *B*. Grosse pluie survenue tout à coup. Ce mot est de l'ancienne langue française, où *rade* voulait dire *violent*, *roide*. Dites *une averse*.

RAFISTOLER, v., *B*. Remettre en bon état, au moins quant à l'apparence : Cette cassette était brisée, *je l'ai rafistolée* de mon mieux; c'est une vieille robe, je ne la rendrai pas neuve, *mais, en la rafistolant un peu*, elle fera mon hiver. Ce mot, quoique fort expressif et très-usité, n'est pas admis par l'Académie. Dites *rarranger*, *retoucher*, etc.

RAFROIDIR, v., *B*. Dites *refroidir*.

RAIGUISER UN COUTEAU, v., *B*. Dites *aiguiser*.

RAILLÉE (UNE ÉTOFFE), *L. v*. Dites *éraillée*.

RAIPONCE, s. f., **RÉPONSE**, s. f., *Par*. La *réponse* est ce que l'on répond ; la *raiponce* est une sorte de salade : *manger des raiponces*.

RAISINET, s. m., *B*. Sorte de confiture à demi liquide faite avec du raisin doux, des poires, des quartiers de coings. Dites *du raisiné*.

RAISON. L'expression adverbiale *de raison* est employée par ellipse dans plusieurs phrases françaises pour signifier *raisonnable*, *convenable* : Ce certificat lui vaudra *ce que de raison*, c'est-à-dire *ce qu'il est de raison* (raisonnable) qu'il lui vaille; *comme de raison*, c'est-à-dire *comme il est de raison*, *comme il convient*. Il n'est pas permis de substituer au substantif *raison* l'adjectif *juste*, et de dire *comme de juste;* il faut dire *comme il est juste*. Voy. ce mot.

RAISONNER, v., **RÉSONNER**, v., *Par*. *Raisonner* (prononcez *rèsonner* par un *è* ouvert), c'est user de raison, faire un raisonnement. *Résonner* (prononcez *résonner* par un *é* fermé), c'est rendre un son. On confond aujourd'hui, et depuis bien longtemps, ces deux verbes à tel point, que des locutions proverbiales sont fondées sur cette confusion. On dit de quelqu'un dont les idées ne sont pas toujours bien nettes ou bien suivies qu'il *raisonne comme un pot fêlé*, *comme une pantoufle ;* pourquoi cela ? parce qu'un pot fêlé, une pantoufle *résonnent* très-mal. Quoique l'expression soit plaisante, il est permis de regretter que de telles confusions soient admises dans le bon langage.

RAISONNER PANTOUFLE. Locution elliptique et admise dans le bon langage, pour dire *raisonner comme une pantoufle*, c'est-à-dire fort mal, battre la campagne, dire des sottises.

RAISONS (AVOIR DES) AVEC QUELQU'UN, *L. v*. Mauvalse expression. Dites *avoir dispute avec quelqu'un*, *disputer*, *contester avec lui*.

RALLONGE, s. f., *B*. Dites *une allonge*.

RAMASSER. Voy. AMASSER.

RAMEAU, s. m., **RAT MORT**, s. m. et adj., *Par*. Ces deux expressions ne sont rapprochées ici qu'à cause de la faute que font quelques personnes qui disent d'un objet très-puant, qu'il pue *comme un rameau;* c'est *comme un rat mort* qu'il faut dire.

RAMOULADE, s. f., *B*. Dites *rémolade* ou *rémoulade*.

RANCHE, s. f., *B*. Dites un *rang* ou une *rangée*.

RANCUNEUX, **EUSE**, adj., *B*. Dites *rancunier*, *ière*. Le mot *rancuneux* n'est pas admis par l'Académie, et pourtant il est tout à fait dans l'analogie, puisque la terminaison *eux* signifie *plein de : joyeux*, plein de joie; *glorieux*, plein de gloire, etc. On devrait donc dire *rancuneux*, plein de rancune; mais ce mot n'est pas autorisé.

RAPPELER D'UN JUGEMENT, *L. v.* Faire reviser par un tribunal supérieur un jugement rendu en première instance. Dites *appeler d'un jugement ; j'en appelle*, et non pas *j'en rappelle*.

RAPPELER (SE). On se rappelle *quelque chose*, et non pas *de quelque chose*. C'est un verbe réfléchi à deux compléments; le pronom est le complément indirect. Dites donc *je ne me rappelle pas son nom*, et non pas *je ne me rappelle pas de son nom*. C'est la confusion de ce mot avec le verbe *se souvenir* qui fait faire souvent cette faute. Mais, si la préposition *de* est un solécisme inexcusable devant un substantif, elle n'est pas déplacée devant un infinitif; on dit très-bien *je me rappelle de l'avoir vu*. C'est, en effet, la construction ordinaire de nos infinitifs; on se rappelle (cela) *d'avoir vu* une chose, comme on s'attribue *de l'avoir faite*. etc.

RAPPORT QUE, *L. v.* Mauvaise construction. *Rapport* ne s'emploie pas ainsi absolument; il doit être précédé de la préposition *par* et suivi de la préposition *à : par rapport à vous*, *par rapport à moi*. Il faut donc dire *par rapport à ce que*, et non pas *rapport que :* Il est fort irrité contre vous *par rapport à ce que* vous avez écrit contre lui, etc. Toutefois la phrase est lourde, et il vaudrait mieux dire *à cause de*, *pour*, etc.; mais enfin elle est correcte.

RASSIE (UNE MICHE), *B*. Dites *rassise*. *Rassis* est le participe de *rasseoir :* du pain *rassis*. Le féminin est *rassise*.

RATE-VOLAGE, s. f., *B*. C'est la chauve-souris. On voit que ce mot, usité dans plusieurs provinces, ne vaut rien. Celui de *rat-volant* eût été assez bon ; mais nous n'employons guère le féminin *rate*, qui, d'ailleurs, n'est pas motivé ici ; et *volage* n'est pas pris dans son sens ordinaire.

RAYER, v., **RÉGLER**, v., *Par. Rayer*, c'est faire des raies : Le cristal de roche *raye* le verre. *Régler*, c'est tracer à la règle les lignes dont on a besoin : *Réglez votre papier, vous écrirez plus droit.*

RÉBARBARATIF, adj., *B.* Dites *rébarbatif.*

REBIFFADE, s. f., B. Dites *rebuffade.*

REBIFFER (SE) **CONTRE SON MAITRE**, v., *B.* Dites *se rebecquer.*

REBOURS (**A LA**), *Sol. Rebours* est masculin : *Au rebours du bon sens.*

REBROUER, v., *B.* Repousser avec rudesse et mépris. Dites *rabrouer.*

RECHEF (**DE**) **EN RÉITÉRANT**, **DERECHEF POUR LA SECONDE FOIS**, *Pl.* Ces mots sont des pléonasmes ridicules, car *derechef* signifie *de nouveau*, *pour la seconde fois*, *en réitérant*, etc. On dit donc deux fois la même chose.

RECHANGER (**SE**), *L. v.* Pour changer d'habits, de linge, est une mauvaise locution. Dites *changer de linge*, etc.

RÉCIPISSÉ, s. m., *B.* Dites *récépissé.* C'est un mot latin qui signifie *avoir reçu.*

RÉCIPROQUEMENT (ILS SE SONT **ENTRE-DÉCHIRÉS**), *Pl.* Dites *ils se sont entre-déchirés.* Ce verbe est essentiellement réciproque; l'adverbe ne peut rien ajouter à sa signification.

RECOLTE, s. f., *B.* Écrivez et prononcez *récolte.*

RECOUVRER, v., **RECOUVRIR**, v., *Par. Recouvrer*, c'est rentrer en possession, *recouvrer la santé*, etc. *Recouvrir*, c'est couvrir pour la seconde fois. Ces deux verbes sont des homonymes parfaits au participe présent, au présent de l'indicatif et à tous les temps qui s'en forment.

RECOUVRIR, v. Voy. RECOUVRER.

RECULER EN ARRIÈRE, *Pl.* Ce pléonasme n'est pas à imiter, quoiqu'il ait été employé par Boileau. Dites *reculer*, ou *se retirer en arrière.*

RÉCUREUR, **REUSE**, s. m. et f. Dites *écureur, reuse.*

RÉFECTION, s. f. Voy. RÉFLEXION.

RÉFLEXION, s. f., **RÉFECTION**, s. f., *Par.* La *réflexion* est l'acte de celui qui réfléchit. La *réfection* consiste en ce qu'on se refait en prenant de la nourriture. Dites donc : Il a mangé à *sa réfection*, et non à *sa réflexion.*

REFOIN, s. m., *B.* L'herbe qui repousse après que les prés ont été fauchés. Dites *le regain.*

RÉFROIDIR. Voy. FROIDIR.

RÉFUGE, s. m., *B.* Écrivez et prononcez *refuge*, quoique *se réfugier* prenne l'*é* fermé.

REGIMBER (SE), v., *B.* Dites *regimber* sans le pronom. Ce verbe est intransitif.

RÉGLER. Voy. RAYER.

RÉGLI (DU), *B.* et *Sol.* C'est une mauvaise abréviation du mot *réglisse*, qui, de plus, est féminin.

RÉGLISSE (DE BON), *Sol.* Dites de *bonne réglisse.*

RÈGUELISSE, s. f., *B.* Écrivez *réglisse.*

RELARGE (FAIRE UNE), *B.* Dites *élargir* un bas, un vêtement.

RELATIFS INVARIABLES. — Les relatifs invariables *en*, *y* et *le* donnent lieu à beaucoup d'équivoques. Il suffit qu'il y ait dans la même phrase plusieurs sens susceptibles d'être désignés abréviativement par *ceci* ou *cela*. Il suffit même pour *le* qu'il y ait quelque mot auquel puisse se rapporter le pronom *le*, son homonyme. Voici quelques exemples : « De bons esprits jetaient quelques lumières dans les détours ténébreux que suivaient les routiniers. Mais la tourbe *en* est grande. » (Vanier, *Dictionn. grammatical*, mot *Conjonction.*) A quoi se rapporte *en*? est-ce aux bons esprits? est-ce aux routiniers? C'est à ce dernier pour le sens; selon la grammaire, ce serait plutôt à l'autre. — « Il a tant perdu de raisonnements à critiquer, qu'il fait fort bien d'*en* être avare; il s'*en* avise pourtant un peu tard et il *en* perdra encore. » (Mme Dacier, *des Causes de la corruption du goût*, p. 189.) Le premier *en* se rapporte aux raisonnements; le second à ce qu'il fait fort bien d'être avare de ces raisonnements; et le troisième se rapporte de nouveau aux raisonnements. — « Est-ce que *cette parure* convient à *notre état*? Je n'*en* suis pas plus ennemi qu'un autre. » (Picard, *la Manie de briller*, acte III sc. 2.) A quoi se rapporte *en*? est-ce à *état*? est-ce à *parure*? C'est à ce dernier qu'a pensé l'auteur; mais ce rapport même est fautif, car il veut dire *je ne* suis pas ennemi de la parure (en général), et non pas de *cette parure* dont il parle. — « Paul, dans sa lettre, m'assure de ses bons sentiments pour moi; *j'y réponds* bien volontiers. » Est-ce aux sentiments? est-ce à la lettre que je réponds?

REMAIGRIR, v., *B.* Cette maladie l'a *remaigri*. Dites *ramaigri*.

REMARQUER A QUELQU'UN QUE, v., *Sol.* Dites *faire remarquer à quelqu'un que*, etc.

REMÉMORIER, v., *B.* Rappeler dans sa mémoire. Écrivez et prononcez *remémorer*.

REMETTRE QUELQU'UN, *L. v.* Pour le reconnaître ; c'est un barbarisme de phrase. Il faut dire *se remettre le nom*, *le visage* de quelqu'un.

RÉMONDER, v., *B.* Retrancher les branches inutiles d'un arbre. Dites *émonder*.

RÉMOULER UN COUTEAU, *B.* Dites *émoudre* ou *rémoudre* un couteau. Ce verbe est mal à propos tiré du nom de l'ouvrier qui émoud les couteaux, qu'on nomme *rémouleur*; car ce mot lui-même vient de *émoulant*, *rémoulant*, participe présent d'*émoudre*, ou *rémoudre*.

REMPLAGE, s. m. Voy. REMPLISSAGE.

REMPLI DE BEAUCOUP, *Pl.* Ce livre est *rempli de beaucoup* d'érudition. Dites qu'il est *rempli d'érudition*, ou qu'il y a *beaucoup d'érudition*.

REMPLISSAGE, s. m., **REMPLAGE**, s. m., *Par.* Le *remplissage* est, en général, l'action de remplir. Le *remplage* est un remplissage particulier ; c'est celui des pièces de vin qu'on a soin de remplir afin que le vin qui y est contenu ne s'aigrisse pas.

RENCONTRE (UN), *Sol.* Ce mot, autrefois masculin, est toujours du féminin aujourd'hui.

RENFORCER. Voy. ENFORCIR.

RENFORCI, *B.* Dites *renforcé*. C'est le participe de *renforcer*.

RENTOURNER (SE), *L. v.* Dites *s'en retourner*.

RENTRAIRE, v., **RENTRER**, v., *Par. Rentrer*, c'est entrer dans l'endroit d'où l'on est sorti ; *rentraire*, c'est ramener en dedans. Ne dites donc pas *j'ai rentré cette couture* ; mais *j'ai rentrait cette couture*.

RENTRER, v. Voy. RENTRAIRE.

RÉNUMÉRATEUR, s. m., *B.* Qui récompense. Dites RÉMUNÉRATEUR.

RENVOIS (AVOIR DES), *L. v.* Dites *avoir des aigreurs*.

REPAILLEUR, s. m., *B.* Celui qui remet de la paille aux chaises. Dites *rempailleur*.

REPAILLEUSE, s. f., *B.* C'est le féminin du précédent. Dites de même *la rempailleuse.*

REPARTIR, v., **RÉPARTIR**, v., *Par. Repartir*, c'est partir pour la seconde fois. *Répartir*, c'est partager : *On a réparti* cette somme entre les ayants droit.

RÉPARTIR, v. Voy. REPARTIR.

REPATRIER, v., *B.* Réconcilier des personnes brouillées. Dites *rapatrier.*

RÉPENTIR, v., *B.* Écrivez et prononcez *repentir.*

REPETASSER, v., *B.* Raccommoder grossièrement. Dites *rapetasser.*

REPONDRE, v., *B.* Écrivez et prononcez *répondre.*

RÉPONS ou **RAIPONS** (MANGER DES), *B.* Dites manger *des raiponces.* La raiponce est une petite plante dont les racines sont blanches, tendres, et se mangent en salade.

RÉPONSE, s. f. Voy. RAIPONCE.

RÉPRIMANDABLE, adj., *B.* Mot inusité formé de *réprimander.* Dites *répréhensible.*

REPRIN, s. m., *B.* Ce qui sort du son lorsqu'on le repasse. Dites *la recoupe.*

REQUINQUILLER (SE), v., *B.* Se parer. Dites *se requinquer.*

RÉSIDA, s. m., *B.* Petite fleur d'une odeur agréable. Dites *réséda.*

RÉSIGNER, v. **RÉSILIER**, v., *Par. Résigner*, c'est se démettre d'un office, d'un bénéfice en faveur de quelqu'un : *résigner* une cure, un prieuré, des fonctions. *Résilier*, c'est casser, annuler un acte : les juges *ont résilié* ce contrat; *faire résilier* un bail.

RÉSILIER, v. Voy. RÉSIGNER.

RESSARSIS, ou mieux **RESSARCIS**, s. m., *B.* Reprises, raccommodages dans une étoffe, un vêtement : cette couturière fait bien les *ressarcis.* Ce mot vient évidemment du latin *resarcire*, raccommoder. Mais il n'est pas admis en français. Dites *des reprises, des rentraitures.*

RESSAUTÉ (L'EAU A), *L. v.* Dites *a rejailli;* et, de même, une pierre lancée dans l'eau la fait *rejaillir*, et non pas *ressauter.* Voy. l'article suivant.

RESSAUTER (CE BRUIT M'A FAIT), *L. v.* Dites *m'a fait tressaillir. Ressauter* signifie *sauter pour la seconde fois :* Il avait *sauté* ce fossé, il a voulu le *ressauter*, et il est tombé dedans.

RESTER, v. Ce mot s'emploie surtout pour ce qui reste;

il faut éviter de le prendre dans le sens d'*habiter*, *demeurer*. Dites de quelqu'un qu'il *demeure* à la ville ou à la campagne, et non pas qu'il y *reste*, à moins que vous n'ajoutiez combien de temps : *Il y est resté trois mois*.

RESTER, v. Ce mot s'emploie pour la soustraction, et il entre dans deux constructions de phrases également régulières, qui peuvent l'une et l'autre donner lieu à des solécismes si on n'y fait pas attention. La première construction est celle-ci : *De* 9 *ôtez* 2, *reste* 7, c'est-à-dire *il reste* 7. Ce sera un solécisme de dire *reste à* 7, car rien ne peut motiver l'emploi de cette préposition. La seconde construction est : *Qui de* 9 *ôte* 2 *reste à* 7, c'est-à-dire celui qui ôte 2 de 9 reste au nombre 7. La préposition *à* est ici nécessaire, et ce serait un solécisme de dire, comme on le fait beaucoup trop souvent : *qui de* 9 *ôte* 2, *reste* 7, puisqu'il semble alors que celui qui fait la soustraction reste lui-même le nombre 7, ce qui est absurde.

RÉTABLIR, v. Ce mot signifie *établir pour la seconde fois*, et non pas *réparer*. Ne dites donc pas *rétablir le désordre*, mais *rétablir l'ordre*, à moins que vous ne veuilliez dire que l'ordre ayant été rétabli, quelqu'un est venu qui a de nouveau détruit l'ordre.

RÉTICULE, s. m., **RIDICULE**, adj., *Par*. Un *réticule* est un tissu de fils en forme de réseau, et, par extension, le sac que les femmes portent quelquefois au bras. *Ridicule*, adjectif, signifie qui peut ou doit exciter le rire. C'est par confusion qu'on a appliqué ce nom au sac porté par les femmes. Il fallait dire *un réticule*.

RÉTOURNÉ. Voy. TOURNÉ.

RÉTRÈCE (FAIRE UNE) **A UN BAS**, *B*. Dites *étrécir* ou *rétrécir un bas*.

RETROUSSE (FAIRE UNE) **A UNE ROBE**, *L. v*. Dites *y faire un troussis*.

RÉUNIR UNE CHOSE A UNE AUTRE, *L. v*. Dites plutôt *réunir une chose et une autre*, dans le sens *d'avoir*, de *posséder en même temps :* Cette collection *réunit les poëtes et les orateurs* latins (Voy. UNIR). *Réunir une chose à une autre* signifie exactement *unir de nouveau*, *unir enfin*. Les rois de la troisième race *ont réuni plusieurs provinces à la couronne*.

REVANGE ou **REVENGE** (PRENDRE SA). Dites *prendre sa revanche*.

RIC-RAC, **RIC-A-RAC**. Expression proverbiale pour

dire *à la rigueur*, avec une extrême exactitude. Dites *ric-à-ric.*

RIDICULE, adj. Voy. Réticule.

RIEN MOINS, RIEN DE MOINS, *Par*. Selon la plupart des grammairiens et dans la réalité, *il n'est rien moins que votre père* signifie tout à la fois *il est votre père* et *il n'est pas votre père.* Pour éviter cette contradiction, Marmontel propose d'employer *rien de moins* pour le sens affirmatif, et *rien moins* pour le sens négatif : *Il n'est rien de moins que votre ami*, il est votre ami ; *Il n'est rien moins que votre ami*, il n'est pas votre ami. Malheureusement les équivoques ne disparaissent pas, dans une langue, sur la proposition qui en est faite à un moment donné ; ce qu'il y a de mieux à faire, c'est peut-être d'éviter cette tournure.

RIMOULADE, s. f., *B.* Sauce à l'huile, au vinaigre et à la moutarde. Dites *rémolade* ou *rémoulade.*

RINCÉE, s. f., *B.* On dit populairement d'un homme fort mouillé qu'il a été bien *rincé*, et l'expression est juste ; mais rien n'est plus déraisonnable, rien n'est en même temps plus contraire à la langue française que de dire d'un homme qui a reçu des coups qu'il a eu, qu'on lui a donné une *rincée.* D'abord *rincée*, substantif, n'est pas français. Ensuite, le fût-il, une *rincée* n'est pas une chose qui se donne ou se reçoive ; enfin il n'y a aucune analogie entre l'idée de *rincer* et celle battre.

RINCER DU LINGE, *L. v.* Oter l'eau savonneuse. Dites *aiguayer le linge* ou *le passer à l'eau.* — *Rincer* se dit proprement des vases qu'on lave en les frottant : *rincer des verres, rincer une tasse.* On voit que ce mot ne s'applique pas bien au linge.

RIPOPÉ. Mauvais vin. Ce mot, autrefois masculin, a changé de genre et d'orthographe. On dit et on écrit aujourd'hui *de la ripopée.* Dans l'avant-dernière édition du *Dictionnaire de l'Académie* on écrivait *du ripopé.*

RISOLER, v., *B.* Dites *rissoler.*

RIVER LES CLOUS A QUELQU'UN, *L. v.* Expression proverbiale signifiant qu'on a remis à sa place quelqu'un qui ne s'y tenait pas, qui s'élevait trop. Dites *river le clou, je lui ai rivé son clou.* Le pluriel ne s'emploie qu'au propre, pour l'action d'abattre les pointes de clous sur l'autre côté de l'objet qu'ils percent, et les aplatir pour les fixer.

ROCAILLE. Voy. Blocaille.

ROCOUR, s. m., *B.* Drogue dont on fait usage en médecine et dans la teinture. Dites *rocou.*

ROGNON, s. m., **TROGNON**, s. m., *Par*. Le *rognon* est le rein de certains animaux bons à manger : *un rognon de mouton*. Le *trognon* est ce qui reste au milieu d'un fruit, d'un légume, quand on en a ôté à l'entour tout ce qui était bon à manger : *un trognon de pomme*, *un trognon de chou*. C'est une faute grossière de dire *un rognon de pomme*.

ROLE, s. m., *B*. Écrivez et prononcez *rôle :* Il a bien joué *son rôle*.

ROSAT, adj., **ROSÉ**, adj., *Par*. Le premier de ces adjectifs signifie l'odeur, et le second la couleur de la rose. Le vinaigre *rosat* est un vinaigre qui sent la rose; du vin *rosé* est du vin d'une couleur rose.

ROSÉ. Voy. ROSAT.

ROUGE-GORGE (UNE), *Sol*. Ce mot est du masculin. Il faut dire *un rouge-gorge*, c'est-à-dire un oiseau à gorge rouge.

ROUGEOT, ROUGEOTTE, *B*. Dites *rougeaud*, *rougeaude*.

RUELLE DE VEAU, *L. v*. Dites *rouelle*. *Rouelle*, morceau de la cuisse qui, par la manière dont il est coupé, offre la figure d'une roue; une *ruelle* est une petite rue. — Voyez l'article suivant.

RUETTE, *B*. Petite rue. Dites *ruelle*.

S

SABLIER, s. m., **SABLIÈRE**, s. f., *Par*. Le *sablier* est un vase où l'on met du sable, et particulièrement celui qui est disposé pour mesurer le temps par l'écoulement du sable. Une *sablière* est un grand trou dans la terre d'où l'on tire le sable nécessaire aux constructions.

SABLIÈRE. Voy. SABLIER.

SAIGNER, verbe intransitif ou transitif indirect. *Il a beaucoup saigné*, *il a saigné de sa blessure*, *il a saigné du nez*. Cette dernière expression se prend dans un sens détourné pour dire *avoir peur*, *reculer*, *battre en retraite*. Quelques grammairiens ont proposé, pour éviter ce qu'ils appelaient l'ambiguïté de l'expression, de dire *saigner au nez* ou *saigner par le nez*, pour désigner le saignement matériel. Mais, outre que l'expression figurée n'aurait plus sa raison d'être si *saigner du nez* n'était pas le mot propre pour le fait matériel, *saigner à* et *saigner par* sont de purs barbarismes dans le sens dont il s'agit. On ne dit pas qu'un homme *saigne* *aux gencives*, ni *par le doigt*, mais bien *du doigt* et *des gencives*. Il faut donc dire *saigner du nez*.

SAIGNER, verbe transitif direct. *Saigner quelqu'un*, c'est-à-dire lui pratiquer une saignée. En ce sens, *saigner* régit bien la préposition *à* pour le complément indirect : *saigner quelqu'un au bras, le saigner au pied*.

SAINTE-MITOUCHE ou **SAINTE-NITOUCHE** (UNE), *L. v.* Écrivez et dites une *sainte-n'y-touche*. Le peuple et quelques grammairiens admettent le premier de ces mots; l'Académie admet le second dans son Dictionnaire. L'orthographe *sainte-n'y-touche* est évidemment la seule qui rende raison du sens du mot, de son genre et de son emploi.

SANDARAQUE (METTEZ **DU**), *Sol.* Dites *mettez de la sandaraque*. La *sandaraque* est une résine en poudre dont on frotte le papier qui vient d'être gratté, afin qu'il ne boive pas. Ce mot est féminin.

SANG (**LA**), *Sol.* « Il vaudrait bien mieux que vous jurassiez, vous *la tête, la mort et la sang*. » (Molière, la *Comtesse d'Escarbagnas*.) Il est remarquable que le mot *sang*, pris comme formule de serment, ait été mis au féminin. On a dit aussi *par la sambleu* (la *sang* de Dieu). Ce n'est pas moins un solécisme qu'il ne faut pas commettre.

SANRIETTE, s. f., *B.* Plante odoriférante dont on se sert pour assaisonner certains mets. Dites *sarriette*.

SANS DESSUS DESSOUS, *L. v.* Écrivez *sens dessus dessous*, c'est-à-dire le *sens* de dessus étant mis dessous.

SANS DEVANT DERRIÈRE, *L. v.* Écrivez *sens devant derrière*.

SANTÉ JE VOUS SOUHAITE (UNE BONNE), *Sol.* Mauvaise construction; commencez par le verbe, et dites *je vous souhaite une bonne santé*.

SARMENT, s. m., **SERMENT**, s. m., *Par.* Un *sarment* est une branche de vigne; un *serment* est une promesse faite sur l'honneur ou sur quelque chose qu'on regarde comme sacré.

SATISFAISANT ASSEZ. Voy. ASSEZ SATISFAISANT.

SAULÉE (UNE), *B.* Lieu planté de saules. Dites une *saussaie*.

SAUSSIS (UN), *B.* Lieu planté de saules. Dites une *saussaie*.

SAUT, s. m., **SEAU**, s. m., **SCEAU**, s. m., *Par.* Le *saut* est l'action de sauter; un *seau* est un vase dans lequel on transporte de l'eau ; le *sceau* est une figure gravée sur le métal ou sur le bois, et qu'on applique, soit sur la cire chaude, soit sur le papier.

SAUVAGE, adj., **SAUVAGEON**, s. m., **SAUVAGIN**, s. m., *Par. Sauvage* est un adjectif, et se dit de certains animaux qui vivent dans les bois ; un *sauvageon* est un arbre venu sans culture ; le *sauvagin* est l'odeur et le goût qu'ont quelques oiseaux de mer, d'étangs, de marais. Dites donc *cela sent le sauvagin*, et non *le sauvage*.

SAUVAGEON, s. m. Voy. SAUVAGE.

SAUVAGIN, s. m. Voy. SAUVAGE.

SAVOIR (ON FAIT A), *Sol.* Dites *on fait savoir*. La phrase *on fait à savoir*, qui était autrefois *on fait assavoir*, constitue ou un barbarisme de phrase ou un solécisme, aujourd'hui que le mot *assavoir* n'est plus admis.

SCAROLE, *B.* Dites *scariole* ou *escarole*.

SCEAU. Voy. SAUT.

SCELLER, v., **SELLER**, v., *Par. Sceller*, c'est marquer d'un sceau : *scellé du grand sceau de cire verte. Seller*, c'est mettre une selle : *seller un cheval*.

SCEPTIQUE, adj., **SEPTIQUE**, adj. Le philosophe *sceptique* est celui qui doute de tout, ou au moins de beaucoup de choses ; *septique*, adjectif tiré du grec, et qui signifie *qui tient à la pourriture*, est surtout usité dans le mot *antiseptique*, ce qui combat ou empêche la putréfaction.

SCHOLAIRE, adj., *B.* Dites *scolaire*, puisque nous écrivons *école*, et non pas *échole*. Quelques grammairiens ont dit que ce mot n'était pas français. On ne peut plus le dire aujourd'hui que l'Académie l'a admis ; mais quand bien même il ne serait pas dans son Dictionnaire, il faut remarquer que ce mot est technique, et que, formé régulièrement du latin *scholaris*, il serait employé à bon droit dans les expressions *année scolaire*, *récompense scolaire*, où l'on sent bien que le mot *scolastique* est absurde. Voy. ce mot.

SCIEUR, s. m., **SIEUR**, s. m., *Par.* Le *scieur* est celui qui scie : *un scieur de long, un scieur de pierre. Sieur* est un titre d'honneur ou de politesse : *le sieur Chabot*. Le mot *monsieur* en est formé : *mon sieur*.

SCOLAIRE, adj., **SCOLASTIQUE**, adj., **SCOLASTIQUE**, s. f., *Par.* Ces trois mots, par leur étymologie, signifient *qui appartient aux écoles*. Mais le sens en est aujourd'hui assez distinct pour mériter d'être expliqué. *Scolaire* signifie simplement qui regarde les écoles, qui touche les écoles : *année scolaire*, qui s'étend d'octobre à octobre, tandis que l'année civile se compte de janvier à janvier ; *autorités scolaires*, celles que la loi charge particulièrement de la surveillance des écoles. *Scolastique* s'applique surtout à ce qu'on appelle en général *l'école*, c'est-à-dire l'enseignement tel qu'il était dans toute l'Europe avant le changement introduit par Descartes. La forme en était abstraite, impérieuse, sévère. C'est ce que l'on a appelé la forme *scolastique ;* et c'est de là qu'est venu le substantif féminin *la scolastique*, c'est-à-dire ce que l'on enseignait alors, et la forme sous laquelle on mettait cet enseignement. En parlant de ce qui se fait aujourd'hui, c'est toujours *scolaire* qu'il faut dire.

SEAU. Voy. SAUT.

SÉBILE. Voy. SIBYLLE.

SEC ET LAID (UN), *L. v.* C'est le mot *squelette* prononcé mal à propos *séquélette* par quelques-uns, qui est défiguré par d'autres de cette façon.

SECOUPE, s. f., *B.* Dites *soucoupe*. C'est une petite assiette creuse qu'on met *sous* une *coupe*, c'est-à-dire sous une tasse.

SECOUSSE. Voy. ESCOUSSE.

SEIGNEURERIE, s. f., *B.* Dites *seigneurie*, puisqu'on dit *seigneur*.

SELETTE (ÊTRE SUR LA), *B.* Écrivez et dites *la sellette ;* le premier *e* est ouvert.

SELLER. Voy. SCELLER.

SEMBLE (IL) **QUE** LE BONHEUR NOUS **FUIT** SANS CESSE. Dites plutôt *nous fuie*. Voy. l'article suivant.

SEMBLE (IL **ME**) **QUE** LE BONHEUR NOUS **FUIE.** Dites plutôt *nous fuit*. On voit par cet exemple et le précédent que l'impersonnel *il semble*, sans pronom, régit mieux le subjonctif, et qu'avec un pronom il gouverne l'indicatif. Cette différence ne vient pas du mot lui-même; mais de la manière dont on l'emploie ordinairement, avec ou sans le pronom. Avec le pronom, il a une signification plus positive, et c'est ce qu'exprime l'indicatif. Sans le pronom, il a un sens plus général et plus vague; c'est ce qu'indique le subjonctif.

SEMOUILLE, s. f., *B.* Pâte desséchée en petits grains. Dites *de la semoule*.

SENTÉ-JE. Détestable barbarisme, qu'on s'étonne de voir recommandé dans un ouvrage sur les fautes de la langue. Dites *sens-je*, ou mieux, parce que ce mot paraît dur, bien que correct, *est-ce que je sens?* Voy. DORMÉ-JE.

SENTINELLE (UN), *Sol.* Dites *une sentinelle.*

SEPTIQUE. Voy. SCEPTIQUE.

SÉQUÉLETTE (UN), *B.* Dites *un squelette.*

SERBATANE, s. f., *B.* Long tuyau par lequel on chasse de petites flèches ou de petites balles en soufflant dedans. Dites *une sarbacane.*

SERCLER, v., *B.* Oter les mauvaises herbes. Dites *sarcler.*

SEREIN, s. m., **SERIN**, s. m., *Par.* Le *serein* est une petite pluie qui tombe en gouttelettes imperceptibles, et qui est produite par le refroidissement d'une atmosphère chaude. Un *serin* est un oiseau chanteur très-commun.

SERIN. Voy. SEREIN.

SERMENT. Voy. SARMENT.

SEULEMENT (N'AVOIR) **QU'A...**, *Pl. Ne*, *que....* signifient *seulement.* C'est donc deux fois la même chose.

SI EN PEINE (IL ÉTAIT). Dites *si affligé*, *si chagrin. Si* ne va bien que devant un adjectif, un adverbe ou un mot pris adverbialement. On dirait bien : *il était si fort en peine*, *si fort en colère*, *si bien à l'aise; il est venu si bien à propos.*

SIAU (UN) ou **SIEAU D'EAU**, *B.* Dites *un seau d'eau.*

SIBYLLE, s. f., **SÉBILE**, s. f., *Par.* Une *sibylle* était une prophétesse dans l'antiquité; une *sébile* est un vase de bois rond et creux.

SIEUR, s. m. Voy. SCIEUR.

SOC, s. m., **SOCLE**, s. m., **SOCQUE**, s. m., *Par.* Le *soc* est un couteau de fer attaché à la charrue, qui fend la terre et forme le sillon; un *socle* est la base carrée, le piédestal d'une statue; un *socque* est une chaussure grossière qui en enveloppe une autre et la préserve de la boue.

SOCLE, s. m. Voy. SOC.

SOCQUE, s. m. Voy. SOC.

SOCRATISER, v., *B.* Faire le Socrate, tâcher d'imiter Socrate. Mauvais barbarisme proposé à tort par un grammairien.

SOITER, v., *B.* Mauvaise prononciation et mauvaise écriture du verbe *souhaiter.*

SOLEMNEL, adj., **SOLEMNITÉ**, s. f. Ancienne orthographe. On écrit aujourd'hui *solennel*, *solennité*, et l'on prononce *solanel*, *solanité.*

SOLILÈME, s. m., *B.* Voy. SOLILÈZE.

SOLILÈZE, s. m., *B.* Mauvaise prononciation et mauvaise écriture du mot composé *sot-l'y-laisse*. On donne ce nom à une partie charnue et très-délicate placée sur le dos des volailles, que les gourmets ont soin de *n'y pas laisser*.

SOMME, s. m., **SOMMEIL**, s. m., *Par.* Le *sommeil* est la disposition à dormir : *Le sommeil* me gagne, je meurs *de sommeil*. Le *somme* est le temps que l'on dort : J'ai fait *un bon somme*, j'ai dormi tout *d'un somme*.

SOMMEIL, s. m. Voy. SOMME.

SOMMEILLER, v., **SOMMELIER**, s. m., *Par. Sommeiller*, c'est dormir d'un sommeil léger; un *sommelier* est celui qui, dans une grande maison, une pension, une communauté, a en sa charge les vins, les liqueurs, la vaisselle, le linge et le pain.

SOMMELIER, s. m. Voy. SOMMEILLER.

SON, SA, SES. Cet adjectif forme avec le pronom de la troisième personne des pléonasmes semblables à ceux que *mon, ma, mes* forme avec ceux de la première, et *ton, ta, tes*, avec ceux de la seconde. Ne dites donc pas d'un enfant : *il a mal à son ventre*, mais *il a mal au ventre; on lui a coupé ses cheveux*, mais *on lui a coupé les cheveux. Je leur ai tiré leurs oreilles*, mais *je leur ai tiré les oreilles. — Son, sa, ses* donnent aussi lieu à des équivoques extrêmement nombreuses, par l'indétermination de la personne à laquelle se rapporte la possession. Exemples : « Lycurgue a rendu à Homère ce témoignage, que les instructions morales et politiques que *ses poésies* renferment ne sont pas moins utiles que *ses contes* et *ses fictions* sont agréables. » (Mme Dacier, *des Causes de la corruption du goût*, p. 260.) *Ses poésies* sont sans doute les poésies d'Homère; mais *ses contes* et *ses fictions* sont-ils ceux d'Homère ou ceux de Lycurgue? — « Il ne lui est pas permis de dégrader un poëte déjà couronné par les suffrages de tous les hommes pour se mettre *à sa place.* » (Mme Dacier, *de la Corruption du goût.*) Est-ce *sa propre* place, est-ce la place *du poëte* qu'on dégrade? C'est ce dernier sens qu'il faut entendre; mais la construction de la phrase peut aussi faire entendre l'autre. — On doit faire en sorte que *son, sa, ses* n'établissent jamais entre les mots de rapports impossibles; sans quoi, l'on fait des solécismes inexcusables. Mme de Sévigné a eu tort de dire en parlant de Turenne mort : Ce corps a quitté *son armée*, » attendu que c'était l'armée de Turenne et non pas celle de son corps.

Mercier a dit encore plus ridiculement : « Un cœur neuf et sensible se trouve séduit avant que de s'en douter. L'expérience de *ses aïeux* est en pure perte pour lui. » (*Jenneval*, acte III, sc. 2.) *Les aïeux d'un cœur neuf* : il n'y a que Mercier pour trouver des relations pareilles.

SON QUARANTE-NEUF, SON CINQUANTE-TROIS (SE METTRE SUR), *L. v.* Ces locutions offrent à la fois un solécisme et un non-sens. Dans leur origine, elles paraissent n'être fondées que sur un mauvais jeu de mots. On dit, en raillant, d'un homme qui a un habit retourné, qu'il a mis sur lui *son dix-huit*, c'est-à-dire *son habit deux fois neuf*. Cette plaisanterie assurément n'est pas bonne; mais elle devient absurde quand on emploie tout autre nombre; elle est surtout barbare quand, au lieu de dire qu'il a mis sur lui *son dix-huit*, on dit qu'il s'est mis sur *son vingt et un*, sur *son quarante-neuf*, etc. Tous ces noms de nombres, employés à tort et à travers par ceux qui ne savent pas le français, sont inintelligibles.

SONNANT (A DIX HEURES). Dites plutôt *à dix heures sonnantes.* — *Sonnant* est ici pris comme adjectif verbal; toutefois, comme on veut dire que dix heures sonnaient actuellement au moment précis où l'on est arrivé, personne ne peut blâmer l'expression *à huit heures, à dix heures sonnant*, quoi qu'elle soit moins usitée.

SONNER DU COR, DONNER DU COR, *Par.* On *sonne du cor de chasse*, parce qu'on y souffle à plein poumon. *Donner du cor* s'emploie plutôt, et l'on dit encore mieux *jouer du cor*, quand il s'agit d'une partie de cor dans une pièce de musique.

SONNER LA TROMPETTE, *Sol.* Dites *sonner de la trompette.* Voy. TOUCHER.

SONNET, s. m., **SONNEZ**, s. m., *Par.* Le *sonnet* est une pièce de vers. Le *sonnez* est le double six au jeu de trictrac. C'est à tort que l'Académie donne et approuve la prononciation de *sonnet* appliquée à ce dernier mot. Il est vrai que les ignorants prononcent ainsi ; mais c'est par une confusion ridicule d'un coup de dez avec une pièce de poésie beaucoup plus connue aujourd'hui. M. Legoarand (*Nouvelle orthologie française*, t. II, p. 318), en rappelant l'origine de ce mot, montre bien quelle en doit être la prononciation : « Quoique deux 6, dit-il, fassent aussi souvent perdre que gagner, comme c'est le point le plus élevé qu'on puisse amener avec les deux dés employés au trictrac, certains joueurs prirent l'habitude, quand ils avaient deux 6, de s'écrier : Double 6, *sonnez* la trompette. Les auteurs écrivant sur le jeu de trictrac adoptèrent ce quolibet, qui se propagea, et, plus tard, on se contenta, en amenant le double 6, de dire *sonnez*. Enfin on finit par appeler *sonnez* cette chance de deux 6. » L'auteur conclut qu'il est tout à fait homonyme de *sonnez*, seconde personne du pluriel de l'impératif de *sonner*, puisque c'est le même mot, et qu'il ne faut pas le prononcer comme la troisième personne, *il sonnait*, ou *comme un sonnet* (Voy. Molard, le *Mauvais langage corrigé*, et notre *Cours supérieur de grammaire*, p. 23, col. 2).

SONNEZ, s. m. Voy. SONNET.

SORCILÉGE, s. m., *B*. Prestige de sorcier. Dites un *sortilége*.

SORTIR. Ce mot n'est pas employé avec les verbes dans le même sens que *venir*. On dit bien *je viens de dîner, je viens d'être malade*; on ne dit pas *je sors de dîner, je sors d'être malade*.

SORTIR UN CHEVAL DE L'ÉCURIE. Dites *le faire sortir*. *Sortir du linge de l'armoire*. Dites *le tirer de l'armoire*. — Les grammairiens faisaient autrefois ces recommandations, se fondant sur ce que *sortir* est un verbe intransitif; mais l'usage a admis l'emploi de ce verbe dans le sens transitif direct, au moins dans ces locutions, et l'Académie française l'a approuvé.

SOUBRIQUET, s. m., *B*. Surnom donné par jeu ou par dérision. Dites *sobriquet*.

SOUCI, s. m., **SOURCIL**, s. m., *Par*. Les *soucis* sont des inquiétudes, des craintes, et aussi une sorte de fleur; les *sourcils* sont ces deux rangées de poils placés au-dessous du front et au-dessus des yeux.

SOUFFRIR, v. Voy. SOUFRER.

SOUFRER, v., **SOUFFRIR**, v., *Par*. *Soufrer*, c'est mettre du soufre : *une mèche soufrée, une allumette soufrée*. *Souffrir*, c'est pâtir, supporter : *souffrir la faim*. Ces verbes sont homonymes parfaits au présent indicatif, au participe présent et aux temps qui s'en forment.

SOUGUENILLE, s. f., *B*. Espèce de surtout fort long, fait de forte toile, dont les cochers et les palefreniers se couvrent quand ils pansent les chevaux. Dites une *souquenille*.

SOUILLARDE, s. f., *B*. Endroit où l'on lave la vaisselle. Dites *lavoir de cuisine*.

SOUPATOIRE (UN GOUTER), *B.* C'est un grand goûter qui tient lieu de souper. Dites un *goûter-souper*, si vous voulez absolument nommer cela. *Soupatoire* est un barbarisme aussi détestable que *dînatoire*, *déjeunatoire*, *mangeatoire*, etc., etc.

SOUPOUDRER, v., *B.* Dites *saupoudrer*.

SOURCIL, s. m. Voy. SOUCI.

SOURD COMME UN POT. Cette expression n'est pas notée ici comme mauvaise, mais comme donnant un exemple de l'emploi, assez fréquent dans notre langue, d'un même mot ou de deux homonymes employés à la fois dans deux sens très-différents, et tels que l'un ne pourrait pas faire entendre l'autre dans une phrase régulière. Un pot est *sourd*, parce qu'il ne résonne pas ou résonne mal; un homme est *sourd*, parce qu'il n'entend pas. On voit qu'il n'y a aucune analogie entre ces deux sens. Ainsi, quand on dit de quelqu'un qu'il est *sourd comme un pot*, cette comparaison, qui, d'ailleurs, est tout à fait dans le génie de la langue française, n'est pas fondée sur la signification, mais sur le simple son des mots (Voy. RAISONNER, RÉSONNER). Cette observation est d'autant plus importante que, hors ces phrases adoptées par l'usage, l'emploi du même mot à la fois dans ces deux sens est une faute grossière. On ne cite que par moquerie la lettre adressée à une jeune fille : *Félicité, tu fais la mienne ;* ou bien : *Viens de bonne heure, j'en aurai à te voir ;* parce que, dans le premier exemple, *Félicité*, nom propre, ne peut aucunement faire sous-entendre cet état de satisfaction intérieure qui constitue la *félicité*, et que, dans le second, la *bonne heure* (heure matinale ou voisine) ne peut conduire à *bonheur* dont on a besoin pour le sens. Or, dans beaucoup de ces comparaisons usuelles, *sourd comme un pot*, *mauvais comme la gale*, il est si vrai que le son du mot est presque tout, que, si l'on vient à le changer en conservant le même sens, l'expression ne signifie plus rien. Combien ne serait-il pas ridicule, en effet, de dire qu'un homme est *dur d'oreille*, ou *insensible aux sons comme un pot ?*

SOURD ET MUET, adj. Voy. SOURD-MUET.

SOURD-MUET, SOURD ET MUET, *Par.* Le *sourd et muet* a deux infirmités distinctes et indépendantes l'une de l'autre; le *sourd-muet* n'est muet que parce qu'il n'entend pas, et il recouvrerait la parole si l'on pouvait lui rendre l'ouïe. — Cette distinction est fondée; mais, dans la pratique, on y a peu d'égards, attendu que le résultat est le même.

SOUS VOTRE RESPECT, *L. v.* Cette expression bizarre est employée par les gens qui ne savent pas parler français lorsqu'ils émettent une idée ou énoncent un mot qu'ils croient n'être pas de bon ton : *C'est un cochon, sous votre respect; Il l'a, sous votre respect, traité de goujat.* C'est *sauf votre respect* qu'il faut dire, c'est-à-dire *le respect que je vous dois* ou *que j'ai pour vous* restant *sauf*, n'étant pas atteint ou diminué.

SOUSCRIPTION, s. f., **SUSCRIPTION**, s. f., *Par.* La *souscription*, c'est la signature que l'on met au-dessous d'un engagement et, par suite, l'engagement de payer un prix convenu pour de certains avantages. La *suscription*, c'est, en général, ce qui est écrit au-dessus; c'est, par exemple, l'adresse d'une lettre qui est écrite au-dessus du contenu.

SOUVENT (IL NE VIENT PAS). Pour *il tarde bien à venir.* Dites *il ne vient pas vite.* Toutefois, le mot *il ne vient pas souvent* ne fait ni un barbarisme ni un non-sens; on veut dire que, si un homme venait souvent dans un endroit, on l'aurait déjà vu depuis qu'on l'attend. C'est donc tout au plus une expression exagérée ou mal appliquée; mais on fera mieux de prendre l'expression juste que nous avons indiquée.

SOUVENT (**PLUS** ou **LE PLUS**), *L. v.* Prise seule ou suivie de *que*, et dans un sens négatif, cette expression, très-usitée dans le langage populaire, n'est pas moins barbare; elle est surtout inexplicable et inintelligible. Il me disait de venir; mais *le plus souvent...*, c'est-à-dire *je ne suis pas venu. Plus souvent que j'irai !* c'est-à-dire *je n'irai pas.* Ce sont autant de phrases barbares qu'il faut éviter avec soin.

SOYE (IL FAUT QUE CELA), *B.* Écrivez et dites *que cela soit.* Le subjonctif du verbe *être* ne se termine pas comme celui d'*employer*, de *croire*, de *voir*.

SPIC, **s. m.**, **ASPIC**, s. m., *Par.* Le *spic* (lavandula spica) est une plante d'où l'on tire une huile très-inflammable appelée *huile de spic*, dont on se sert pour allumer promptement les lampions; l'*aspic* est un petit serpent très-venimeux qui ne donne aucune espèce d'huile. C'est par erreur qu'on dit dans le peuple de l'*huile d'aspic :* c'est *de spic* qu'il faut dire.

STENTOR. Voy. CENTAURE.

STOMACAL, adj., **STOMACHIQUE**, adj., *Par.* Ces deux mots signifient *bon pour l'estomac.* Le dernier est plus usité aujourd'hui : *des pilules stomachiques.* Il s'emploie aussi substantivement : *un stomachique.*

STOMACHIQUE, adj. Voy. STOMACAL.

STRAS, s. m. (on prononce l'*s*), **STRASSE**, s. f., *Par.* Le *stras* est une composition qui imite le diamant; la *strasse* est de la bourre de soie.

STRASSE, s. f. Voy. STRAS.

SUBJONCTIF. Le subjonctif employé mal à propos est une source fréquente de solécismes. En voici deux exemples : « Je demande alors quel est l'avocat de cette ville qui *puisse* me diriger. » (Bouilly, *l'Abbé de l'Épée*, t. II, p. 12.) Mettez *qui pourra* ou *qui pourrait ;* ou bien : *Je demande* s'il y a dans cette ville quelque *avocat qui puisse...*, etc.

Mon courroux n'aura pas à frapper de victime,
Et du glaive des lois ne sera point armé
Contre un objet ingrat que mon cœur *ait aimé.*
(Lemercier, *Charlemagne.*)

Il faudrait *que mon cœur a aimé.* Le subjonctif est ici un solécisme et un contre-sens.

SUBSTANTER (IL N'A PAS DE QUOI SE), *B.* Écrivez et dites *se sustenter.* C'est un mot dérivé du latin qui veut dire *soutenir*, et qui s'applique à la vie, qu'on soutient par le moyen des aliments. *Substanter* est un barbarisme.

SUCRER (SE), v., *L. v.* On sucre l'eau, le lait, le café, les fraises, on ne se *sucre* pas soi-même. Dites donc à quelqu'un, pour l'inviter à prendre ce sucre : *Sucrez votre café*, *sucrez vos fraises*, et non pas *sucrez-vous.*

SUFFISANT ASSEZ. Voy. ASSEZ SUFFISANT.

SUGGESTION, s. f. Voy. SUJÉTION.

SUICIDER, v., *B.* Ce barbarisme détestable n'est dans l'analogie d'aucun autre mot. On dit *homicide*, et on ne dit pas *homicider;* on dit *parricide*, *fratricide*, et non pas *parricider*, *fratricider;* on dit *régicide*, et non pas *régicider.* On ne peut donc pas tirer *suicider* de *suicide.*

SUICIDER (SE), *Pl. Suicide* signifiant le meurtre de soi-même, si l'on formait le verbe barbare *suicider*, il voudrait dire *tuer soi-même ;* ainsi *se suicider* signifierait *tuer soi-même soi-même* ou *se se tuer.* Il n'est donc pas étonnant que l'Académie n'ait pas admis ce terme, bien qu'il soit usité, puisqu'il est à la fois barbare et insensé. Dites *se détruire.*

SUIE, s. f., **SUIF**, s. m., *Par.* La *suie* est une matière noire qui s'attache au tuyau de la cheminée. Le *suif* est la graisse de mouton ou de bœuf dont on se sert pour faire la chandelle. Ne dites donc point *du suif de cheminée*, mais de la *suie*.

SUIF, s. m. Voy. SUIE.

SUITE (DE), TOUT DE SUITE, *Par*. *De suite* est une locution adverbiale et signifie *consécutivement :* J'ai reçu vingt visites *de suite*. *Tout de suite* veut dire *immédiatement*, *aussitôt*. Dites donc *venez tout de suite*, et non pas *venez de suite*.

SUJÉTION, s. f., **SUGGESTION**, s. f., *Par*. La *sujétion* est la position de celui qui est assujetti, subordonné à un autre. La *suggestion* est l'action de suggérer quelque chose à quelqu'un.

SUPÉRIEUREMENT VÊTU, MEUBLÉ, etc. Mauvais emploi du mot *supérieurement*. Dites *bien vêtu*, *très-bien meublé*, etc.

SUR LA TÊTE (LES CHEVEUX ME DRESSENT). Dites plutôt *à la tête*. Il faut remarquer, sur ces deux expressions, que la plus élégante est un gallicisme; elle s'analyse ainsi : *Les cheveux dressaient à moi à la tête*. Or, ce double régime avec la même préposition constitue un gallicisme bien marqué; l'autre est la forme simple. *Sur la tête* indique seulement la place où les cheveux dressent, comme on dirait : Le sang *lui coulait sur le visage*, des boutons lui *sortaient sur les jambes*.

SUR TOUT, SURTOUT, *Par*. *Sur tout*, en deux mots, signifie *sur chaque chose :* Cet orateur est prêt à parler *sur tout*, sur tout sujet. *Surtout*, en un mot, a le sens de *principalement :* Tous les hommes tiennent à la vie, *surtout* quand ils avancent en âge.

SURCUSSALE, s. f., *B*. Église pour aider une paroisse trop grande. Dites une *succursale*.

SURÉMENT, adv., *B*. Dites *sûrement*.

SURLOUER UNE MAISON, UN APPARTEMENT, *B*. Dites *sous-louer*, c'est-à-dire louer de seconde main, sous le premier loueur.

SURTOUT, adv. Voy. SUR TOUT.

SUSCRIPTION, s. f. Voy. SOUSCRIPTION.

SUSPENTE, s. f., *B*. Retranchement pratiqué en planches ou en maçonnerie dans une cuisine, une écurie, pour y loger un domestique, etc. Dites une *soupente*.

T

TAC, s. m., *B.* Le sens du toucher. Écrivez et prononcez le *tact.*

TACHEZ QUE CELA RÉUSSISSE. Quelques grammairiens blâment l'emploi de *que* après *tâcher*, et, en effet, on ne dirait pas : *Efforcez-vous que cela réussisse.* Toutefois, je n'oserais pas condamner cette phrase, quoique la préposition *de* vaille toujours mieux : *Tâchez de réussir.*

TAIE, s. f., **TEST**, s. m., **TÊT**, s. m., *Par.* La *taie* est l'enveloppe du fœtus et, par analogie, l'enveloppe d'un oreiller; le *test* est l'enveloppe d'une graine; le *têt* est un toit à porc et un vaisseau employé en chimie.

TAILLERESSE, s. f. Ancien féminin de *tailleur.* Pris, non dans le sens particulier de *tailleur d'habits*, mais dans le sens de celui qui taille quelque chose, le féminin n'était employé qu'en terme de fabrication des monnaies; il s'appliquait à certaines ouvrières chargées de réduire les pièces au juste poids. Ainsi ce mot ne peut s'appliquer aux couturières. — Voy. TAILLEUSE.

TAILLEUSE, s. f., *B.* Celle qui fait des robes de femmes. Dites la *couturière.*

TAIRE (NE PAS SE) **ET PARLER**, *Pl.* Voy. PARLER.

TAIN, s. m., **TEINT**, s. m., **THYM**, s. m., **TINS**, v., *Par.* Le *tain* est le nom de l'amalgame placé derrière une glace, et qui lui fait renvoyer la lumière; le *teint* est la manière dont une étoffe est teinte, et, en particulier, la couleur du visage; le *thym* est une petite plante odorante; *tins* (je, tu) est le prétérit simple de l'indicatif de *tenir.*

TALENT, s. m. On a fait apprendre un *talent* à ce jeune homme. *L. v.* Dites un *métier.* Un talent s'acquiert et ne s'apprend pas, parce qu'en effet le talent consiste dans une grande disposition naturelle, perfectionnée par la pratique.

TALENT (HOMME A). Voy. HOMME A TALENT.

TALER, v., *B.* La grêle a *talé* ces poires. C'est sans doute de *tarer* qu'on a tiré cette mauvaise expression; car *tarer*, c'est causer de la tare, du déchet, gâter, corrompre : *L'humidité a taré ces marchandises, ces fruits.* (Acad.) Mais, en parlant de la grêle, il vaudrait mieux dire qu'elle a *gâté, coti, meurtri* ces poires.

TAN, s. m., **TANT**, s. m. et adv., **TEMPS**, s. m., **T'EN**, pron. et relat. inv. **TENDS**, v., *Par.* Le *tan* est l'écorce réduite en poudre qui sert à tanner; *tant* est un nom de quantité pris souvent comme adverbe; le *temps* est la mesure de la durée; *t'en* est composé du pronom *te*, et du relatif invariable *en : je t'en prie;* enfin *tends* (je, tu) appartient au verbe *tendre*.

TANNANT. Participe de *tanner*. Mauvaise expression employée par les gens du peuple pour dire que quelqu'un est *ennuyant*, *fatigant*, etc. Cette expression est tirée de l'opération du tannage, à laquelle on a comparé assez maladroitement l'effet des coups donnés, et, d'une manière encore plus détournée et plus fausse, l'effet d'une conversation ennuyeuse. Dans tous les cas, comme l'adjectif *massacrant*, ce n'est pas un barbarisme, c'est tout au plus une expression de mauvais goût.

TANT, s. m. et adv. Voy. TAN.

TANT-PIRE, *B.* Il faut dire *tant pis*, comme on dit *tant mieux*, et non pas *tant-meilleur*. Cette épigramme de La Condamine sur sa réception à l'Académie le montre :

La Condamine est aujourd'hui
Reçu dans la troupe immortelle.
— Il est bien sourd. — Tant mieux pour lui.
— Mais non muet. — Tant pis pour elle.

TANT QU'A MOI, QUANT A MOI, *Par.* Il faut dire *quant à moi*, dans le sens de *pour ce qui me regarde*. *Tant qu'à moi* n'est français que dans le sens comparatif : Cela ne vous importe pas *tant qu'à moi;* ne vous coûtera pas *tant qu'à moi*. Encore dit-on mieux dans ce sens *autant qu'à moi*.

TANTE, s. f., **TENTE**, s. f., **TENTE**, v., *Par.* La *tante* est la sœur du père ou de la mère; une *tente* est un abri de toile dressé, au moment du besoin, pour se préserver de l'ardeur du soleil ou des intempéries de l'air; *tente* appartient au verbe *tenter*.

TAON, s. m., **THON**, s. m., **TON**, s. m., **TON**, adj., **TOND**, v., *Par.* Le *taon* (prononcez *ton*) est une mouche qui pique et tourmente les bœufs et les chevaux pendant l'été; le *thon* est un poisson; le *ton* est le degré de l'intonation d'une note dans la musique; *ton* est aussi l'adjectif possessif de la deuxième personne; *tond* appartient au verbe *tondre*.

TAPÉE (UNE) **DE VIANDE**, UNE **TAPÉE DE MONDE**, etc., *L. v.* C'est une expression méprisante pour signifier une quantité qu'on ne veut pas prendre la peine de mesurer ou de compter. Ce mot n'est pas français. Dites *une quantité*.

TAPI, adj. Voy. TAPIS.

TAPIS, s. m., **TAPI**, adj., *Par.* Le *tapis* est une pièce d'étoffe destinée à couvrir un parquet, une table : *Il faut qu'un tapis de pied soit bien moelleux. Tapi* est le participe du verbe *se tapir :* On l'a trouvé *tapi* sous une table.

TAQUE (UNE) **DE CHEMINÉE**, *B.* Dites une *plaque.*

TEINT, s. m. et part. Voy. TAIN.

TEMPLE (LA) ou LES **TEMPLES**, *B.* La partie de la tête qui va de l'oreille au front. Ce mot, autrefois français, ne l'est plus du tout aujourd'hui. On doit dire la *tempe*, les *tempes.*

TEMPS, s. m. Voy. TAN.

T'EN. Voy. TAN.

TEND, v. Voy. TAN.

TENDONS, s. m., **TENDRONS**, s. m., *Par.* Les *tendons* sont des parties fibreuses, blanchâtres et tenaces qui forment l'extrémité des muscles; les *tendrons* (dont le nom indique ce qui est tendre) sont les cartilages qui sont à l'extrémité des os de la poitrine de quelques animaux. Il faut donc dire *manger des tendrons de veau*, et non des *tendons de veau.*

TENDRE DES EMBUCHES, *L. v.* L'*embûche* est proprement une entreprise secrète pour surprendre l'ennemi, pour lui nuire. Ce mot signifie étymologiquement qu'on se met dans un bois pour n'être pas aperçu; il n'y a rien là-dedans qui puisse justifier l'idée de *tendre*. On *tend des filets*, on *tend un piége;* c'est par confusion avec cette dernière expression qu'on a dit *tendre des embûches;* mais il est visible que, s'il y a quelque analogie dans l'objet qu'on se propose, il n'y en a pas du tout dans les moyens ni dans les termes. Dites donc *dresser des embûches.*

TENDRESSE, s. f., **TENDRETÉ**, s. f., *Par.* Ces deux mots ont au fond le même sens; mais *tendresse* s'applique au moral : *La tendresse d'une mère*, c'est-à-dire *son tendre amour.* — *Tendreté* est un mot nouvellement introduit, et qui signifie ce qui est tendre au physique : *La tendreté d'un gigot.*

TENDRETÉ, s. f. Voy. TENDRESSE.

TENDRONS. Voy. TENDONS.

TENTATIF, adj., *B.* Dites *tentant.*

TENTE, s. f. Voy. TANTE.

TENTER, v., **INTENTER**, v., *Par. Tenter*, c'est essayer, s'efforcer de séduire. *Intenter un procès à* ou *contre quel* *qu'un*, c'est porter une accusation sur lui. Dites donc *on lui a intenté*, et non pas *on lui a tenté un procès*.

TENU, adj., **TÉNU**, adj., *Par. Tenu* est le participe passé de *tenir ; ténu*, tiré du latin *tenuis*, signifie mince, délié, peu compacte : Un fil extrêmement *ténu*, c'est-à-dire extrêmement mince. Il est bien important de conserver la différence de ces mots.

TÉNU, adj. Voy. TENU.

TERGETTE, s. f., *B*. Petite plaque de fer en forme ovale avec un petit verrou qu'on met aux portes et aux fenêtres, pour les fermer. Dites *targette*.

TERMOYER, v., *B*. Prendre des termes pour achever un payement. Dites *atermoyer*.

TEST, s. m. Voy. TAIE.

TESTICOTER (SE), v., *B*. Se quereller, se chicaner, se taquiner. Dites *s'asticoter*. Ce dernier mot est français, quoiqu'il ne soit employé que dans le style familier.

TÊT, s. m. Voy. TAIE.

TÊTE et **VIE**, *Pl*. Corneille a dit : « Il en coûta *la vie* et *la tête* à Pompée. » *La vie* et *la tête*, c'est la même chose ici ; c'est donc un pléonasme vicieux.

TEXE (LE) D'UN LIVRE, *B*. Écrivez et prononcez *le texte*.

THÉRIACLE, s. f., *B*. Sorte d'opiat. Dites et écrivez *de la thériaque*.

THÉTIÈRE, s. f., *B*. C'est l'ancien nom du vase où l'on fait le thé. Aujourd'hui on dit *une théière*.

THON, s. m. Voy. TAON.

THUILERIES (LES), *B*. On a écrit autrefois ainsi, mais sans aucune raison, le mot *tuileries*, pris soit comme nom du lieu où l'on fait des tuiles, soit comme le nom du plus beau jardin de Paris. Il faut écrire *tuileries*, puisqu'il n'y a jamais eu d'*h* bien motivée dans le mot *tuile*, venu du latin *tegula*.

THYM, s. m. Voy. TAIN.

TIC (PRENDRE QUELQU'UN **EN**), *L. v*. Dites *prendre quelqu'un en haine, en aversion, en grippe*. On entend par *tic* certaines habitudes vicieuses que l'on a contractées et auxquelles on revient sans cesse involontairement.

TIEN, adj., **TIENT**, v., *Par. Tien*, adjectif possessif, n'a que quatre lettres. *Tient* (*il* ou *elle*), de *tenir*, se termine par un *t ; je tiens* et *tu tiens* s'écrivent exactement comme *les tiens*.

TIENNE, adj., **TIENNE**, v., *Par*. Le féminin *tienne* (*la*) s'écrit exactement comme le subjonctif *que je* ou *il tienne*. Le pluriel *les tiennes* s'écrit comme la seconde personne *que tu tiennes*.

TIENT, v. Voy. TIEN.

TIERS (LE) DE DOUZE EST **DE QUATRE**, *Sol*. Dites *est quatre*. Voy. MOITIÉ.

TIGNASSE, s. f. Mauvaise perruque, et, par plaisanterie, la chevelure naturelle. Ce mot n'était pas admis autrefois; on recommandait de dire *teignasse*. Aujourd'hui, celui-ci paraît avoir veilli, et l'Académie renvoie de lui à *tignasse*, comme plus usité.

TIMBALES. Voy. CYMBALES.

TIMON, s. f. Voy. LIMON.

TINS de *tenir*. Voy. TAIN.

TIRANT, s. m., **TYRAN**, s. m., *Par*. *Tirant* est le participe du verbe *tirer;* pris substantivement, il s'applique à divers objets au moyen desquels on tire ou ferme quelque chose. Un *tyran* était autrefois un roi qui s'était emparé d'un trône qui ne lui appartenait pas; c'est aujourd'hui celui qui gouverne ses sujets d'une manière tyrannique.

TISONNASSE, s. f., *B*. Charbon mal cuit et qui jette de la fumée. Dites *un fumeron*.

TISSÉ (UN), *B*. Dites *un tissu : Voilà un beau tissu. Tissé* n'est pas même usité comme participe, ou forme passée invariable du verbe *tisser*. On dit d'un ouvrier qu'*il a tissu sa toile*.

TÔME D'UN OUVRAGE, s. m., *B*. Écrivez et prononcez *tome*.

TON, s. m. Voy. TAON.

TON, adj. Voy. TAON.

TON, **TA**, **TES**. Fait un pléonasme avec le pronom de la seconde personne, comme *mon*, *ma*, *mes*, avec celui de la première, et *son, sa, ses* avec ceux de la troisième. —Voy. ces mots.

TOND, v. Voy. TAON.

TONNE, s. f., **TONNELLE**, s. f., *Par*. Une *tonne* est un grand tonneau. Une *tonnelle* est un berceau couvert de verdure. Dites donc : *J'étais avec lui sous une tonnelle*, et non pas *sous une tonne*.

TONNELLE, s. f. Voy. TONNE.

TONTON, s. m., *B*. Jouet d'enfant. Dites *toton*. Ce mot est formé du latin *totum*, qui veut dire *tout*, parce que c'est une pirouette à quatre faces sur lesquelles sont marquées les lettres initiales des mots d'après lesquels il faut mettre au jeu, ou ne rien faire, ou emporter tout l'enjeu. Cette dernière condition est indiquée par la lettre T, initiale de *totum*, qu'on prononçait autrefois *toton*; et comme c'était le coup le plus important, on a donné ce nom à la pièce elle-même.

TOPIQUE, s. m., **TROPIQUE**, s. m., *Par. Topique* est tiré d'un mot grec, et signifie *local*. On l'applique à un remède qui n'opère qu'étant appliqué sur la peau, en un certain lieu. *Tropique* est tiré d'un autre mot grec qui signifie *tournant*. Les *tropiques* sont les cercles extrêmes que le soleil semble parcourir aux solstices d'été et d'hiver. Ne confondez pas ces deux mots.

TOQUE DE CHOU, DE SALADE, *L. v.* Dites *un trognon*. Une *toque* est une sorte de chapeau à petits bords dont le nom ne peut s'appliquer à une tige dont on a ôté les feuilles.

TORDRE, v., **MORDRE**, v., *Par.* Ces deux mots ne sont réunis ici que parce qu'on emploie souvent l'un pour l'autre dans une phrase proverbiale appliquée à ceux qui mangent trop avidement, sans se donner la peine de mâcher. Quelques personnes disent : *Il ne fait que mordre et avaler*. Cette expression n'est pas bonne; *mordre*, c'est serrer avec les dents, ce qui n'indique rien ici. La circonstance importante, c'est ce mouvement de torsion donné au morceau mordu, qui le brise, et permet de l'humecter, de le mâcher. Il faut donc dire : *Il ne fait que tordre et avaler*.

TOUCHER DE L'ORGUE, DU PIANO. Dites *toucher l'orgue, le piano*. — On a donné cette règle autrefois; mais, en fait, on dit le plus souvent, et l'Académie admet, *toucher du piano, du clavecin*. Et cette forme semble la meilleure, puisque tous les mots qui représentent avec des instruments particuliers le sens de *jouer* prennent *de* comme ce verbe : *donner du cor, pincer de la guitare, sonner de la trompette, racler du violon*.

TOUR DE MAIN, TOURNEMAIN, *Par.* Le *tour de main* est un tour de subtilité ou d'adresse; le *tournemain* est le temps qu'il faut pour tourner la main; de sorte que, pour dire qu'une chose s'est faite très-promptement, il faut dire qu'elle s'est faite en un *tournemain*, et non en un *tour de main*. L'Académie accepte cependant cette dernière expression; mais il est visible qu'elle n'est qu'une corruption de l'autre, et il est toujours regrettable que les expressions autrefois distinctes tendent à se confondre par l'ignorance où l'on est du véritable sens ou des vrais mots.

TOURNÉ, part., **RETOURNÉ**, part., *Par*. *Tourner* est le terme générique. *Retourner*, c'est tourner d'une manière complète ou en réitérant. On *tourne*, par exemple, un habit au jour ou au soleil pour voir s'il a des taches ou de la poussière ; mais on *retourne* un habit, ou l'habit est *retourné*, lorsque l'envers du drap est mis en dehors comme moins usé que l'endroit.

TOURNEMAIN. Voy. TOUR DE MAIN.

TOUT. Se prend souvent comme adverbe dans le sens de *tout à fait*, *entièrement : tout droit*, *tout de travers*. — *Tout de bon*, c'est-à-dire entièrement de bon jeu, sérieusement. Ceux qui disent *pour de bon* sont entraînés à ce grossier solécisme par le solécisme opposé et tout aussi inexcusable, *pour de rire* (Voy. POUR). D'autres disent *pour tout de bon*, et l'expression n'est pas plus correcte, car *tout* faisant ici fonction d'adverbe ne peut pas être régi par *pour*.

TOUT (COMME), *Pl*. *Heureux comme tout*, *pauvre comme tout*, etc., sorte de comparaison banale et insignifiante, et, par conséquent, de pléonasme vicieux qu'il faut rejeter de tout discours.

TOUT A COUP, TOUT D'UN COUP, *Par*. *Tout à coup* signifie *soudainement :* Cette maison est tombée *tout à coup*. *Tout d'un coup* veut dire *en une fois :* Il gagna mille écus *tout d'un coup*.

TOUT DE MÊME. Pris dans le sens de *quoi qu'on en dise*, *malgré toutes les explications*, est une locution vicieuse, aussi bien que *c'est égal*, pris dans le même sens. Ne dites donc pas : C'est bien joli *tout de même*. C'est une mauvaise locution.

TRACENDANT (UN ESPRIT), *B*. Dites *transcendant*, en faisant sentir l'*s* et le *c*. Les mathématiques *transcendantes*, sont la partie de cette science qui emploie le calcul infinitésimal.

TRAITRISE, s. f., *B*. Action de trahir. Dites *trahison*.

TRANSVIDER, v., *B*. Dites *transvaser*.

TRASSANTER, v., B. Être subitement ému par une agitation vive et passagère. Dites *tressaillir*.

TRAVERS (A), AU TRAVERS, *Par*. *Au travers* veut de devant son complément ; *à travers* demande le sien sans préposition : *Au travers du corps*, *au travers d'un buisson ; à travers le corps*, *à travers les forêts*. Ces deux expressions ne diffèrent pas sensiblement quant au sens, quoique *au travers* semble indiquer moins de facilité dans le passage que *à tra-*

vers; mais c'est pour le complément qu'il faut bien les distinguer. *A travers* ne peut prendre *de*, *du*, *des* que dans le sens partitif.

TRAVERSER UN PONT, *L. v.* Le sens du mot *traverser* doit être bien déterminé. Lorsqu'il s'agit d'une surface beaucoup plus étendue en long qu'en large, *traverser* s'entend toujours de la largeur et non de la longueur. *Traverser une rivière*, c'est aller d'une rive à l'autre, et non pas la descendre ni la remonter; *traverser un pont*, c'est de même passer du côté d'amont à celui d'aval, ou réciproquement, et non suivre le pont dans sa longueur. Ne dites donc pas, par exemple, que, pour aller de l'hôtel de ville au quartier latin, il faut *traverser les ponts*, mais bien qu'il faut *passer les ponts*, ou *traverser la rivière*. Ce que nous disons des ponts s'applique naturellement aux rues, tandis qu'au contraire une place peut être traversée dans tous les sens.

TRAYAGE, s. m., **TRAYER**, v., *B.* Choisir entre plusieurs choses les meilleures seulement. Dites *trier*, *triage*.

TREILLAGE, s. m., **TRIAGE**, s. m., *Par.* Le *treillage* est un assemblage de lattes, de fils de fer, etc., en treillis; le *triage* est l'action de *trier*, c'est-à-dire de choisir, entre plusieurs choses, les meilleures ou les plus convenables.

TRÉMONTADE (PERDRE LA), *B.* Dites *perdre la tramontane*. La *tramontane* est le nom que les Italiens donnent à l'étoile polaire. *Perdre la tramontane*, c'est donc comme *perdre le nord*, s'égarer.

TRÉNIÈRE (ROSE), *B.* Espèce de grande mauve dont la fleur ressemble un peu à la rose. Dites *rose trémière*.

TRÉPITER, v., *B.* Battre des pieds contre terre par un mouvement d'impatience ou d'humeur. Dites *trépigner*.

TRÈS-FAIM, **TRÈS-RAISON** (J'AI), *Sol.* Dites *j'ai grand'faim*, *j'ai bien raison*. *Très* ne peut déterminer qu'un adjectif et un adverbe; avant les noms, on se sert de *bien*, *extrêmement*.

TRÉSAURISER, v., *B.* Amasser un trésor. Dites *thésauriser*.

TRIAGE, s. m., *B.* Voy. TREILLAGE.

TRIBU, s. f., **TRIBUT**, s. m., *Par.* Une *tribu* est une certaine division dans la population d'un pays; un *tribut* est une somme qu'on doit payer une ou quelques fois, ou même à perpétuité, comme une marque de dépendance. C'est aussi l'impôt qu'un prince lève sur ses sujets.

TRIBUT, s. m. Voy. TRIBU.

TRICHARD (UN), *B*. Dites *un tricheur*.

TRIDAINE, s. f., *B*. Étoffe grossièrement tissue. Dites *de la tiretaine*.

TRIMOUSSER (SE), v., *B*. S'agiter d'un mouvement vif et irrégulier. Dites *se trémousser*. Ce mot est du style familier.

TRINGUE, s. f., *B*. Verge de fer. Dites *une tringle*.

TROGNON, s. m. Voy. ROGNON.

TROMBONE (UNE), *Sol*. Le *trombone* est une grande trompette qui s'allonge et se raccourcit au moyen de coulisses. Ce mot est toujours du masculin ; ne dites donc pas, avec les auteurs de *Napoléon en Égypte* :

> *La trombone*, le cor, l'éclatante cymbale.

TROP, s. m., **TROT**, s. m., *Par*. *Trop* est un nom ou un adverbe de quantité ; le *trot* est une des allures du cheval.

TROPIQUE, s. m. Voy. TOPIQUE.

TROT, s. m. Voy. TROP.

TUILIÈRE, s. f., *B*. Endroit où l'on fait les tuiles. Dites *tuilerie*.

TURLUBERLU, s. m., *B*. Mot factice pour exprimer l'étourderie. Dites *hurluberlu*.

TUYAUTER, v., *B*. Ce mot est un affreux barbarisme formé du mot *tuyau*, comme s'il s'écrivait *tuyaut*. On dit qu'un bonnet est *tuyauté*, lorsque avec un fer rond on a pratiqué dans la dentelle ou la bordure qui le termine des plis en forme de tuyaux ; c'est précisément ce qu'on appelait autrefois *godronner*, et ce mot était parfaitement bien formé de *godron*. Il faudrait le ramener plutôt que de forger un mot barbare comme *tuyauter*.

TYRAN, s. m. Voy. TIRANT.

U

UMBLE, s. m. Prononcez *omble* et voyez OMBRE.

UN, **UNE**, pour *le*, *la*, *Pl*. Il a *une fièvre*, *une goutte*, *une rougeole*. Dites *la fièvre*, *la goutte*, *la rougeole*. La raison en est que ces maladies sont générales, et qu'en conséquence on n'en peut avoir qu'un seule ; l'adjectif numéral est donc de trop ici, et il faut dire *la fièvre*, *la goutte*, *la rougeole*. Remarquez que la règle ne subsiste plus si la maladie est déterminée par un adjectif ; on dit bien *il a une fièvre de rhume*, *il est mort d'une goutte remontée;* c'est la construction ordinaire de nos substantifs avec les adjectifs. Que si l'on dit *avoir la goutte aux pieds*, *la goutte à la main droite*, c'est par suite de la fausse idée qu'on se faisait autrefois de la goutte, qu'on regardait comme une humeur qui allait se fixer sur certaines articulations. On devait dire, et on disait en effet, *j'ai la goutte aux pieds*, comme on dit *j'ai le sang à la tête*. Dans les idées modernes, la goutte n'est plus qu'une inflammation locale des petites articulations ; on l'appelle *arthrite*, et avec ce mot on emploie l'adjectif numéral : il est malade d'une *arthrite au pied gauche*. Voy. LE, LA, pour *un*, *une*.

UNE ANGUILLE. Voy. LANGUILLE.

UNIR UNE CHOSE ET UNE AUTRE, *L. v.* Dites plutôt *unir une chose à une autre*, *unir la grâce à la majesté*. Voy. RÉUNIR.

URINAL, s. m., **URINOIR**, s. m., *Par.* L'*urinal* est un vase de verre, de porcelaine ou de faïence, où les malades urinent commodément; les *urinoirs*, dont le nom employé dans les actes administratifs ne se trouve pas dans le *Dictionnaire de l'Académie*, sont des baquets ou des conduits disposés dans les rues ou promenades pour la commodité des passants.

URINOIR, s. m. Voy. URINAL.

USAGE, s. m., **USER**, s. m. L'*usage* est l'action d'user d'une chose, le parti qu'on en tire ; l'*user*, c'est l'infinitif pris substantivement. Dites donc qu'une étoffe est d'*un bon user*, qu'on ne connaît bien les gens *qu'à l'user*, et non d'*un bon usage*, ou qu'*à l'usage*.

USER, s. m. Voy. USAGE.

USTUBERLU, s. m., *B.* Voy. l'article suivant.

USTUBRELU, s. m. Barbarisme, comme *ustuberlu*. Dites *hurluberlu*.

USURFRUIT, s. m., *B.* Ce barbarisme s'est formé sans doute par l'application déplacée du mot *usure* au-devant du mot *fruit*, comme si c'était un *fruit* de l'*usure*. Ce n'est pas cela du tout : *usufruit* signifie exactement qu'on *jouit de l'usage* d'une chose, ou qu'on en a la jouissance et non la propriété. C'est ce que veut dire le mot latin d'où *usufruit* a été tiré.

V

VA (COMMENT VOUS)? ou COMMENT VOUS **EN VA**? *L. v.* Ces deux expressions sont, sans doute, pour *comment va la santé?* Mais on ne peut sous-entendre ce dernier mot, ni surtout placer le pronom en complément indirect du verbe *aller*. Dites : *Comment vous portez-vous?* ou tout au plus : *Comment allez-vous?*

VA Y VOIR. Un grammairien, blâmant l'expression *vas-y voir*, donne *va y voir* comme la seule orthographe et la seule prononciation correcte; il se fonde sur ce que *aller* fait à l'impératif *va :* mais cela ne fait rien pour *vas-y* qui, soit par exception, soit comme retour à une ancienne règle générale, prend une *s*. Quant à la seconde raison qu'il donne, que *y* étant complément du second verbe dans *vas-y voir, vas-y mettre ordre* ne doit pas être lié à *va*, si elle était fondée, il faudrait au pluriel prononcer sans liaison *allez-hy voir, allez-hy mettre ordre*, tandis qu'on prononce sans difficulté *allé-zy voir, allé-zy mettre ordre*. Puisque la liaison existe au pluriel, ne doit-elle pas exister au singulier?

VACARNE, s. m., *B.* Grand bruit. Dites *vacarme*.

VAGISTAS, s. m., *B.* Petite lucarne ou carreau qui s'ouvre, soit pour reconnaître les personnes qui se présentent, soit pour donner de l'air. Dites *un vasistas*.

VAGUER, v., **VAQUER**, v., *Par. Vaguer*, c'est errer çà et là, être vagabond : Le chacal est une espèce de renard qui *vague* pendant la nuit. *Vaquer*, c'est être vacant, libre : Cet emploi *vaque* aujourd'hui.

VAIN, adj., **VIN**, s. m., **VINGT**, adj., **VINT**, v., *Par. Vain* est le masculin de l'adjectif *vain, vaine;* le *vin* est la liqueur fermentée qu'on extrait du raisin; *vingt* est l'adjectif de nombre qui signifie deux dizaines; *vint (il)* est le prétérit simple de l'indicatif du verbe *venir*.

VAINE, adj., **VEINE**, s. f. *Vaine* est un adjectif; c'est le féminin de *vain* : Une promesse *vaine*. Une *veine* est un vaisseau qui porte le sang noir dans le cœur : On ouvre souvent *la veine* dans certaines maladies.

VAIR, adj. Voy. VER.

VALTER, *B.* Il me fait *valter* sans cesse, c'est-à-dire : il me fait aller et venir sans utilité. Ce mot n'est pas français; c'est *valeter* qu'il faut mettre, et ce mot signifie *faire le valet*.

VAN, s. m., **VENT**, s. m., **VEND**, v., *Par.* Un *van* est un instrument qui sert à vanner; le *vent* est un air agité; *vend* (*il*, *elle*) est la troisième personne du verbe *vendre* au présent indicatif.

VAPEUR, s. f., **VAPEUR**, s. m., *Par.* Tout le monde sait ce que c'est que la *vapeur ; un vapeur,* c'est un bateau à vapeur. Ce masculin n'est pas encore admis par l'Académie, mais il est employé partout, et ne peut manquer d'être admis un jour. Je le cite ici comme exemple de la manière dont quelques mots, avec un léger changement dans leur forme, deviennent aptes à exprimer des idées nouvelles.

VAQUER, v. Voy. VAGUER.

VEILLEUSE, s. f., **VIELLEUSE**, s. f., *Par.* La *veilleuse* est une petite mèche qui trempe dans l'huile et qui sert à tenir une boisson chaude pour la nuit : *Allumez cette veilleuse.* Une *vielleuse* est une femme qui joue de la vielle.

VEINE, s. f. Voy. VAINE.

VEND, v. Voy. VAN.

VÉNÉNEUX, adj., **VENIMEUX**, adj., *Par. Vénéneux* ne se dit que des végétaux : La ciguë est une *plante vénéneuse.* —*Venimeux* ne se dit que des animaux : La dent de la vipère est fort *venimeuse.*

VENIMEUX, adj. Voy. VÉNÉNEUX.

VENT, s. m. Voy. VAN.

VER, s. m., **VERRE**, s. m., **VERS**, s. m., **VERT**, adj., **VAIR**, adj., *Par.* Un *ver* est un animal à sang blanc, allongé, rampant; le *verre* est cette matière transparente dont sont faits les carreaux de vitre et la plupart de nos vases à boire; un *vers*, c'est la forme de langage différente de la prose; *vert* est un adjectif; c'est ce qui a la couleur verte; *vair* est un terme de blason qui signifie de diverses couleurs.

VERGETTE (UNE), *B.* Petite brosse composée de soies de sanglier ou de porc, ou de menues branches, pour nettoyer les habits. Dites *des vergettes.* Ce mot n'a que le pluriel. Une *vergette*, si le mot était usité, serait un seul poil ou une petite branche.

VERGURE, s. f., *B.* Terme de papetier. C'est un barbarisme. Il faut écrire *vergeure* et prononcer *verjure.* Ce qui induit en erreur, c'est le mot *envergure*, employé dans la marine et transporté de là dans le style commun; mais *envergure* vient des *vergues* du vaisseau, et *vergeure* vient des *verges* (ou fils) de laiton dont la trace est marquée sur le papier. Il faut donc conserver, et dans la prononciation et dans l'orthographe, cette distinction importante.

VERJURE, s. f., *B.* Écrivez *vergeure;* c'est un terme de papetier, pour exprimer les fils de laiton attachés en long sur la forme où l'on coule le papier, et les raies que font ces fils, et qui sont marquées sur la feuille de papier.

VERLOPE (UNE), *B.* Grand rabot à l'usage des menuisiers. Dites *une varlope.*

VERMICHELLE, s. m., *B.* Écrivez *vermicelle* ou *vermicel.* Ce mot est venu de l'italien; il signifie *petit ver,* et désigne en effet une espèce de pâte en forme de vers longs et menus dont on fait des potages. Comme le *c* italien se prononce *ch* devant l'*e* et l'*i*, on a d'abord prononcé *vermichelle,* et les anciennes éditions du *Dictionnaire de l'Académie* recommandent cette prononciation; mais depuis on a soumis ce mot à la règle générale, et on dit plus souvent aujourd'hui *vermicelle.* Voy. VIOLONCHELLE.

VERMOULÉ (DU BOIS), *B.* C'est-à-dire piqué des vers. Dites *vermoulu.*

VERRE, s. m. Voy. VER.

VERS, s. m. Voy. VER.

VERT, adj. Voy. VER.

VERT MIGNON (DU), *L. v.* Cet écusson est peint *en vert mignon* (en rouge); c'est en *vermillon* qu'il faut dire. Le *vermillon* est une combinaison de soufre et de mercure d'une couleur rouge très-éclatante. Du *vert mignon* est une paronymie ridicule.

VESSICATOIRE, s. m., *B.* Écrivez *vésicatoire;* mais l'*s* doit se prononcer dure.

VÉTISSENT (ILS), ILS **REVÊTISSENT**, *B.* Dites *ils vêtent, ils revêtent.* Le participe présent est *vêtant*, et non *vétissant.*

VEUX, **VOULEZ**, à l'impératif de *vouloir,* sont des barbarismes. Dites *veuille, veuillez.* La distinction proposée par quelques grammairiens, qui consiste à prendre *veux* et *voulez* pour un commandement absolu, et *veuille* et *veuillez* pour un commandement poli, n'est fondée sur aucun usage, sur aucune autorité respectable. Dites toujours *veuille* et *veuillez,* ou prenez un autre tour.

VICOTER, v., *B.* Vivre péniblement, subsister pauvrement et avec peine. Dites *vivoter.*

VIELLEUSE, s. f. Voy. VEILLEUSE.

VIGOUREUSE (POIRE), *B.* Dites *virgouleuse.* C'est une poire d'hiver qui vient de *Virgoulé,* près de Limoges.

VILAINIE (UNE), s. f., *B*. Acte ou parole d'un vilain, d'un homme méprisable. C'est ainsi qu'on écrivait et qu'on prononçait autrefois. Aujourd'hui il faut prononcer et écrire *vilenie*.

VILBREQUIN, s. m., *B*. C'est un mot mal écrit. Il faut mettre *vilebrequin*. Voy. VIREBREQUIN.

VILLE (A LA), EN VILLE, *Par*. *A la ville* signifie *dans la ville*, par opposition à la campagne : Il a passé l'été dans son château, il va revenir *à la ville*. — *En ville* se prend par opposition à la maison qu'on habite : Vous êtes venu pour me voir, j'étais *en ville*, c'est-à-dire je n'étais pas chez moi.

VIN, s. m. Voy. VAIN.

VINGT, adj. numéral. Voy. VAIN.

VINT, de *venir*. Voy. VAIN.

VIOLONCHELLE, s. m., *B*. Instrument nommé aussi *basse*, qui est monté comme le violon, mais à une douzième au-dessous. Écrivez *violoncelle*. Ce mot, tiré de l'italien *violoncello*, s'est prononcé longtemps *violonchelle*, d'après son étymologie ; mais aujourd'hui l'écriture a modifié la prononciation, et l'on prononce comme on écrit. — Voy. VERMICHELLE.

VIREBREQUIN ou **VIREBROQUIN**, s. m., *B*. Outil qui sert à percer, sorte de vrille armée d'une manivelle. Ces deux mots, français autrefois, exprimaient parfaitement la nature de l'outil en question. On appelait *broche*, *broque*, *broquet*, *broquin*, la pointe, le clou attaché à la partie inférieure de l'instrument que l'on *virait* (tournait) à l'aide de la manivelle pour percer une planche, une pierre, etc. Le mot de *vire-broquin* était donc parfaitement formé. Depuis, l'*r* de *virer* s'est changé en *l*, comme dans plusieurs mots français; on a obtenu *vile-broquin* ou *vile-brequin*, d'où le trait d'union a dû disparaître, puisque *vile* tout seul n'a ici aucune signification ; et c'est maintenant ce dernier mot qui doit seul être employé.

VIRGOUREUSE, adj., *B*. Sorte de poire. Dites *virgouleuse*. Voy. VIGOUREUSE.

VIS-A-VIS DE VOUS (J'AI EU DES TORTS), *L. v*. Dites *envers vous*. *Vis-à-vis* ne doit pas s'employer dans le sens d'*envers*, *à l'égard de* ; il n'indique qu'une situation physique : Il est logé *vis-à-vis de moi*, *vis-à-vis de mes fenêtres*.

VITAILLES, s. f., *B*. Provisions de bouche. Dites *victuailles*.

VITE (DÉPÊCHEZ-VOUS), *Pl*. Voy. DÉPÊCHEZ-VOUS VITE.

VETIVER, s. m., *B*. Plante dont les racines, fortement odorantes, écartent les insectes du linge et des étoffes. Dites *vétiver*.

VLA ou **V'LA**, *B*. Mauvaise construction de *voilà*.

VOIE, s. f., **VOIS**, v., **VOIX**, s. f., *Par*. Une *voie*, c'est un chemin, et, par extension, ce qu'on porte en parcourant la *voie :* une *voie d'eau*, une *voie de bois*, de *charbon*. *Vois* appartient au verbe *voir* : D'ici je *vois* les tours de Notre-Dame; de là tu *vois* le dôme du Val-de-Grâce. La *voix*, c'est l'organe de la parole ou son produit : Il convient d'écouter respectueusement la *voix* du maître; la *voix* d'un bon chanteur est agréable à entendre.

VOILA ICI, pléonasme et contradiction. Dites, en un seul mot, *voici*.

VOIR, v., **VOIRE**, adv., *Par*. *Voir* est un infinitif; *voire* est un ancien adjectif qui signifiait *vrai*, et se prenait quelquefois dans le sens de son adverbe *voirement*, c'est-à-dire *vraiment*. C'est dans ce dernier sens qu'on l'emploie uniquement aujourd'hui, pour attester la vérité d'une chose plus forte que ce qu'on a dit auparavant : Tout le monde est de cet avis, *voire M. A....* qui n'est jamais de l'avis de personne.

VOIR. Ce verbe ne se redouble pas, comme dans cette locution usitée par les petits marchands : *voyez voir*. Il faut dire *voyez*, *regardez*.

VOIR GOUTTE (**NE** ou **N'Y**). Ces deux expressions se confondent souvent; la seconde est un peu plus déterminée. On doit dire d'un aveugle : *il ne voit goutte*, c'est-à-dire *il ne voit rien du tout ;* et celui qui entre dans un lieu très-obscur dira *je n'y vois goutte*, c'est-à-dire *je ne vois pas du tout ici*.

VOIRE. Voy. VOIR.

VOIRE MÊME, *Pl*. L'Académie admet, dans le style familier, cette expression, qui est en effet usitée aujourd'hui, mais n'en vaut pas mieux. *Voire* a le sens de *même; voire même* est donc comme si l'on disait *même même*. C'est un pléonasme à rejeter. Dites *voire* tout seul, comme dans La Fontaine :

> Chapitre non de rats, mais chapitre de moines,
> *Voire* chapitre de chanoines.

VOIS. Voy. VOIE.

VOIX, s. f. Voy. VOIE.

VOLE, s. f., **VOLTE**, s. m., *Par*. *Vole*, terme de jeu, signifie toutes les mains : *faire la vole*, gagner de tous côtés. *Volte*, tour ou retour en général, est un terme de manége, d'escrime, de fauconnerie et de marine. *Volte-face*, s. f., changement de front. Dites donc au jeu *faire la vole*, et non pas *faire la volte.*

VOLÉE, s. f. C'est le vol des oiseaux, et figurément tout ce qu'on y assimile. On dit de quelqu'un qu'on a battu qu'*on lui a donné* ou qu'*il a reçu une volée de coups*, c'est-à-dire que les coups volaient, en quelque façon, sur lui. Ne dites pas une *volée* tout simplement, comme le disent les écoliers, car le sens en est tout différent : *je lui ai donné sa volée*, *il a pris la volée*, c'est-à-dire *je l'ai laissé libre*, *il est parti lestement.*

VOLTE, s. f. Voy. VOLE.

VOUI, *B.* Particule d'affirmation. Dites *oui.*

VOYAGE (UN) **DE BOIS, DE CHARBON**, etc., *L. v.* Dites *une voie de bois*, etc.

VOYEZ VOIR DE BEAUX GATEAUX, DE BEAUX JOUJOUX, pléonasme ridicule. Il faut dire *voyez* tout simplement, à moins qu'on n'écrive *voire* (Voy. ce mot) dans le sens de *vraiment.* Dans tous les cas, l'expression *voyez voire* ne fait pas un bon effet.

VRAI? Dans la conversation, on emploie quelquefois ce mot par abréviation pour *est-il vrai : Il vous a dit cela? vrai?* Il serait plus correct de dire *vraiment?* Dans tous les cas, il ne faut pas écrire cette locution abrégée, mais bien *est-il vrai?*

VRAI DIRE (A). Cette inversion est reçue en français; la construction la plus naturelle serait *à dire vrai.*

VUIT, adj. card., *B.* Mauvaise prononciation du mot *huit.*

Y

Y, relat. invar. *Dans chaque fourneau*, *on y* entretient un feu continuel; retranchez *y*, qui fait pléonasme avec *dans chaque fourneau. Sur la montagne*, *on y a* bâti un pavillon: retranchez *y*, qui fait double emploi avec *sur la montagne.* — Ce mot donne assez souvent lieu à des pléonasmes de ce genre, qu'il faut éviter si l'on veut parler correctement.

Y et **OU**. Voy. OU et Y.

Y-MOI, Y-TOI, Y-LE, Y-LA, Y-NOUS, Y-VOUS, Y-LES, etc., *L. v.* L'Académie écrit au mot *me* : « On ne dit pas *attendez-m'y*, *menez-m'y*. Grammaticalement, il ne serait pas incorrect de dire *attendez-y-moi*, *menez-y-moi*; mais on évite ces façons de parler bizarres. » — L'Académie aurait dû intervertir ou ces formes, ou le jugement qu'elle en porte. Ce sont les premières qui sont *grammaticalement correctes*, quoique inusitées; les autres sont à la fois inusitées et incorrectes. En effet, les formes *menez-m'y*, *amuse-t'y*, *retiens-l'y*, conservent après l'impératif l'ordre régulier du complément, tel qu'il est toujours, avant les autres temps du verbe. Elles sont construites au singulier, comme le sont sans difficulté les pluriels *menez-nous-y*, *amusez-vous-y*, *retenez-les-y*; et comme les singuliers des mêmes impératifs avec *en* : *tire-m'en*, *va-t'en*, *emmenez-l'en*. Il n'y a donc rien là qui blesse ni la régularité, ni la correction grammaticale. Au contraire, les expressions *menez-y-moi*, *promènes-y-toi*, *suivez-y-le* ou *suivez-y-lui* (je ne sais lequel des deux), tout aussi inusités que les précédentes, renversent de plus toutes les analogies. Nous pouvons donc dire qu'elles ne sont pas seulement inusitées; elles sont incorrectes et barbares. On fera bien d'éviter, comme dures ou peu habituelles chez nous, les contractions *m'y*, *t'y*, *l'y*, après les impératifs. Mais il vaudrait encore mieux les employer que de recourir aux barbarismes *y-moi*, *y-toi*, *y-nous*, etc.

Z

ZÉPHYR, s. m., **ZÉPHYRE**, s. m., *Par*. *Zéphyr* est le nom donné à toute espèce de vent doux et agréable. *Zéphyre* est un nom propre : c'est le dieu que les anciens supposaient présider au vent appelé *zéphyr*.

ZÉPHYRE, s. m. Voy. ZÉPHYR.

ZEST, s. m., **ZESTE**, s. m., *Par*. On nomme *zeste* dans la noix les quatre cloisons incomplètes qui séparent la chair. On appelle aussi *zeste* l'écorce de l'orange et du citron. Enfin l'on dit d'une chose qui n'a pas de valeur qu'elle ne vaut pas un *zeste*. Mais le mot *zest* s'emploie : 1° dans la phrase proverbiale *entre le zist et le zest*, c'est-à-dire passablement, ni bien ni mal; 2° comme une interjection, pour signifier *en un mot*, pour faire *bref* : *Zest, le dit Hiérôme* (Racine, *les Plaideurs*).

ZESTE, s. m. Voy. ZEST.

FIN.

TABLE

DES FAUTES RECUEILLIES DANS CE DICTIONNAIRE

RANGÉES SELON LEURS DIFFÉRENTES ESPÈCES.

(Comme le Dictionnaire renvoie des divers articles à tous ceux qui s'y rapportent, on n'a pas répété ici les mots qui sont répétés dans ce livre. — Les mots mis entre parenthèses dans chaque article doivent être lus avant ceux qu'ils suivent.)

Barbarismes.

Abajoue, — acculés, — agiographe, — aigle-dou, — airé, — ajamber, — alargir, — alluré, — amadoue, — angelus (les), — angoises, — anormal, — aparoi, — apparution, — apprentisse, — aréchal, — aréolithe, — aréonaute, — arguillon, — aricot, — arjolet, — assassineur, — assis-toi, — assomtion, — astérique, — atôme, — aujord'hui, — avalange, — avaloir, — babiche, — bacchanal, — bâfrée, — baignoir, — balant, — balyer, — baracau, — barbouillon, — barc, — baronnerie, — baselic, — baser, — baste, — batture, — becfi, — béchée, — bége, — béguenauder, — béguer, — belsamine, — berdouiller, — berlan, — berlandier, — berloques, — bertelles, — blaguer, — blagueur, — blanchirie, — bleuse, — bleusir, — bonnette, — borborisme, — boudinoir, — bouffer, — bouille (le café), — bouillu, — bouis, — boulvari, — brasse-corps, — bretonne (cet arbre), — brignon, — brodure, — brouillasse (il), — brusse (il), — buée, — buffetries, — boyaudèrie, — cacaphonie, — cahotement, — calmandre, — calvi, — calvine, — cambuis, — campot, — canecons, — capriole, — capuche, — carpot, — carquelin, — castonade, — castrole, — cataplame, — catarate, — cayer, — ceinturonnier, — cercifi, — chaillote, — chaircuterie, — chaircutier, — charbonnaille, — charpi, — chartier, — chaudier, — chèvrefeuil, — chipoteur, euse, — chirugien, — chou-croûte, — cicatricée, — cintième, — clairinette, — clairvoie, — clarteux, euse, — clérinette, — climusette, — crimusette, — clincailler, — clinquettes, — cochonnade, — cocodrille, — cocombre, — coigne, — coitre, — colaphane, — colidor, — companie, — comparition, — confle, — confusionner, — consulte, — contredites (vous), —

contrevention, — convoitiser, — corbillonier, — cordelage, — cordeler, — corporer, — corporence, — corsonaire, — couperon, — courle, — courle-bouteille, — courterole, — couserai (je), — coutume, — coutumeux, — coutumace, — couvis, — craïon, — cramail, — craque, — crasser, — crasserie, — crépissage, — creusanne, — cueiller, — cuirasseau, — cuisage, — cuison, — darte, — décesser, — déchicoter, — décommander, — décorner, — décrémer, — dédite, — déficeler, — dégrainer, — déhors, — déluré, — dentelure, dépersuader, — désagrafer, — désarroir, — désastrueux, — dévancer, — devination, — déviner, — dimier, — dînatoire, — disgression, — disparution, — donne (la), — dormé-je? — douare, — douarière, — écarlatine, — écarrer, — échaffourée, — échaquer, — échets, — échevette, — échiffe, — échiguer (s'), éclandre, — écloper, — économer, — écoupeaux, — écrévisse, — egnime, — égrafigner, — égrafignure, — cillet, — élexir, — elton (fil d'), — embarbouiller, — embarbouiller (s'), — embarlificoter (s'), — emberlicoter, — emberlicoter (s'), — embêter, — embêter (s'), — embotter, — embrouillage, — embrouillamini, — emmouracher (s'), — emparenté, — emphasé (discours), — émuer, — émué, — enchiferné, — enfantise, — enfatué, — enflammation, — enfle, — engarier, — engencer, — engencement, — engueuser, — énivrer, — enlève, — énorgueillir, — enreinières, — entièrément, — épicacuana, — équevilles, — errhes, — errière (en), — escloppé, — espadron, — espatule, — espression, — esprimer, — esquélette, — esquilancie, — éteinte de voix (une), — extrêmément, — facié, — façonneur, euse, — façonneux, — faiots, — faraud, — farbala, — fener, — fenière, — ferlater, — ferratier, — fiagcolet, — fiéfait, — fignoler, — filagrane, — filoseille, — fixément, — flamouches, — flanquette (à la bonne), — flau, — flon, — flouer, — foignes, — foroncle, — fracturer, — franchipane, — frapouilles, — fricot, — frillieux, — frisquin, — frissure, — fute (une), — gabegie, — gabouiller, — gabouillage, — gacer, — gadois, — galandage, — gandouse, — ganif, — garandage, — gargaliser (se), — gargotter, — garnissaire, — gaudron, — géane, — gelure, — généranium, — genèvre, — gentie, — gérofle, — gibolée, — gicler, — gifle, — gifler, — gigauder, — gigier, — gigler, — glissière, — gobille, — godiviau, — gongonner, — gouailler, — gouille, — goureau, — gourer, — gouspin *ou* goussepin, — gouvernation, — graboton (se mettre en), — gracieuseté, — graille, — grante, — graspille (jeter à la), — grépe, — grèse (soie), — gribouiller, — grifognage, — grifogner, — grillet, — griveliner, — grobon, — groton, — grotte de pain bénit, — gruère, — grumeleau, — grumelot, — guerdin, — guernouille *ou* gueurnouille, — guête, — guette (de bonne), — gueusard, — guignolant, — guignonnant, — guille, — hasie (viande), — hémophthisie, — hermite, — hermitage, — heurler, — heurlement, — hippodrôme, — honchets, — horillon, — houcher, — houches, — houragan, — hurlubrelu, — hurter, — hussier, — hytropique, — hypoconde, — imberline, — incan, — indiciple, — indigession, — ingrédiint, — inobservance, — inquet, — inquétude, — interdites (vous),

— intranspiration, — jacquet, — jambé, — jouin, — kilo, kilos, — laidron, — laideronne, — laurelle, — larronne, — lavier, — libraire-rie, — lichefrite, — linceuil, — lisé-je? — lissieu, — lissive, — locati, — loquetière, — louette, — luna campana, — luquerne, — Luce (bois de sainte), — lutheranisme, — luthérianisme, — mâchiller, — mâchillères, — machin, — mairerie, — maladier, — maladieu, — maline, — manette, — manicle, — manifique, — maniganterie, — maraîchier, — margotte, — marigoule, — marronner, — morsage, — martre, — maspain, — matéreaux, — mécredi, — médecinal, — médites (vous), — mégard, — mélise, — membré, — menusier, — mérelle, — mésentendu, — messelier, — mier le pain, — mignature, — mignatises, — minable, — mironton, — missergent, — mites, — mogneau, — mognon, — moi-z-y, moi-z-en, etc., — molette, — monceau, — morderai (je), — mordure, — moribonne, — moriginer, — morsiller, — mouchette, — mouchon, — moutardelle, — mulâtresse, — muscate, — nà, — navot, — nentilles, — niguedouille, — nogat, — nourriceux, — nourrissage, — olographe, — oragan, — ormoire, — orthographer, — orthographie, — ostiné, — ouette, — ouiller, — ousque, — paillé, — palfermier, — palefernier, — panégérique, — pantomine, — parallélipipède, — parapel, — parasine, — parepluie, — paresol, — parevent, — pariure, — partisane, — pascaux (cierges), — passoire, — patenote, — patou, — péceaux, — péceler, — pécunier, — perclue, — perderai (je), — perdrigone, — petasser, — pétra *ou* pétras, — pétrière, — piaillard, — piffrer (se), — pigrièche, — pilliot, — pillocher, — pine-vinette, — pipitre, — pitieusement, — pitieux, — plâtreur, — plotte, — plurésie, — pluvigner, — pointilleur, — poite, — portable, — postume, — poturon, — pouiller, — poumonie, — pourpe, — pourpeux, — pourreau, — pourrette, — pousseux, — preuve, — prévalue, — prié-Dieu, — propette, — pseaume, — purésie, — quérelle, — quidan, — quina, — quincer, — râblet, — rache, — rache-pied, — rachétique, — radée, — rafistoler, — rafroidir, — raiguiser, — raisinet, — rallonge, — ramoulade, — ranche, — rancuneux, euse, — rassie, — rate-volage, — rébarbaratif, — rebiffade, — rebiffer (se), — rebrouer, — récipissé, — recolte, — récureur, euse, — refoin, — réfuge, — régli, — réguelisse, — relarge, — remaigrir, — remémorier, — rémonder, — rémouler, — renforci, — rénumérateur, — repailleur, — repailleuse, — repatrier, — répentir, — repetasser, — repondre, — répons *ou* raipons, — réprimandable, — reprin, — requinquiller (se), — résida, — ressarcis, — retrèce, — revange *ou* revenge, — ric-rac, — ric-à-rac, — rimoulade, — rincée, — ripopé, — risoler, — rocourt, — role, — rougeot, — rougeotte, — ruette, — sanriette, — saulée, — saussis, — scarole, — scholaire, — secoupe, — seigneurerie, — selette, — semouille, — senté-je? — séquélette, — serbatane, — sercler, — siau *ou* sieau, — socratiser, — soiter, — solemnel, — solemnité, — solilème, — solilèze, — sorcilége, — sobriquet, — souguenille, — souillarde, — soupatoire, — soupoudrer, — soye (que je), — substanter (se), — suicider (se), — surcussale, — surément, — surlouer, — suspecte, — tac, — tailleresse, — tailleuse, — taler, — tant pire, — tapée (une), — taque, — temple (la), — tentatif, — tergette, — termoyer, — testicoter (se), — texe, — thériacle, — thétière, — thuileries, — tignasse, — tisonnasse, — tissé, — tôme, — tonton, — tracendant, — traîtrise, — transvider, — trassauter, — trayage, — trayer, — trénière, — trémontade, — trépiter, — trésauriser, — trichard, — tridaine, — trimousser (se), — tringue, — tuilière, — turluberlu, — tuyauter, — ustuberlu, — ustubrelu, — usurfruit, — vacarne, — vagistas, — valter, — vergette, — vergure, — verjure, — verlope, — vermichelle, — vermoulé, — vessicatoire, — vétissent (ils), — veux, voulez, — vicoter, — vigoureuse, — vilainie, — vilbrequin, — violonchelle, — virebroquin, — virgoureuse, — vitailles, — vitiver, — vla, — v'la, — vuit.

Locutions vicieuses.

Agir (en), — agoniser, — aides, — air, — à la noix, — à l'entour de, — amende, — apointer, — apointeur, — après, — arche, — arquebuse, — arrière, — assassin, — assez, — atout, — aussi, — aussitôt, — autrefois, — avoir, — avoir (*auxiliaire*), — bague d'oreilles, — bamboche, — basse, — bergère, — bonne heure (à), — but (remplir son), — caffard, — calendrier grec, — capable, — carats (trente-six), — cas (faire du), — casuel (objet), — changez-vous, — charbon de pierre, — chiffon de pain, — clou à porte, — clou-porte, — cœur (joli comme un), — combien du mois (le), — comme de juste, — commode, — compendieusement, — compère et compagnon, — conséquence (par), — conséquent (en), — conséquent, ente, — contenue, — contre *pour* près de, — contredire (sans), — cornent (les oreilles me), — cornot de poêle, — corps et à cris (à), — couper pique, etc., — court, — couverte, — croc, — croche-pied, — crue (toile), — cuiller de confitures, — dame (votre), — dangereux que (il est), — davantage, — débarras, — dégriser, — demoiselle (votre), — demoiselles (ses), — déplorable (un prince), — dresser un piége, — dû (mon), — du depuis, — eau d'ânon, — écailles d'un pot, — écume de mer, — embarras (faire son *ou* ses), — enseigné (un enfant bien), — entre des bras, — environ, — environ de dix, — escaliers (monter, descendre les), — étouffoir, — éviter une peine à quelqu'un, — excessivement beau, — excuse (demander), — farce, — fermer le linge, — fête-à-Dieu, — fil carré, — fixer quelqu'un, — flanc étrier (courir à), — flotte de fil, — foncer une porte, — fortuné, — fumant (le) d'une chaufferette, — gambille (un), — garenne (en), — gâte (adj.), — genre (du bon), — gigue de mouton, — gourmands (pois), — goutte d'eau (mon frère me ressemble comme une), — grapin de poêle, — gringotter de froid, — groles (donnez-moi mes), — guère (il ne s'en faut de), — harpie, — homme de vigne, — ici (ce jour), — ici (cette heure),

— impardonnable, — inestimable, — interloqué (cela m'a), — invectiver, — jeté (bois), — jeunes hommes, — joli cœur, — joli enterrement, — joliment neigé (il a), — jouir d'une mauvaise santé, — jour (du) à la journée, — jour sur semaine, — labourage (chevaux de), — laisse (à la), — laissé dire (je me suis), — lait (un), — lait de carpe, — lamperon, — lancées, — lancer, — lettres alphabétiques, — Levert (Jean), — lier les dents, — mal (ce vin n'est pas), — maladie (faire une), — mal aise, — malgré que, — manger (dix personnes à), — maraude (la), — martelet, — Matthieu Salé, — massacrante (humeur), — méchant comme la gale, — mettre les pouces, — mieux (des), — moins (à) que le demander, — moins (à) que de mille francs, — moral, immoral, — mors de pain, — mort (la tête d'un), — moucher une lumière, — jeter au moule, — moyennant que, — ne (*supprimé*), — noble-épine, — nouveau (quelque), — onglet, — ormeau (vieil), — paillasse, — pain enchanté, — panneau, — pardonnable (fils), — parfait (au), — passer du linge, — patis, — payant (un), — perfection (à la), — perte (à pure), — picorée (en), — pincer la guitare, — piper, — pire (tant), — pis que la sienne (conduite), — plein-pied (de), — plutôt que, — pot (bête comme un), — pouce du pied, — pour-boire, — prêcher par exemple, — préoccuper (se) — pris (l'idée lui a), — promets (je vous) que j'y suis allé, — prorata (à), — publier sur les toits, — purge (une), — quart (deux heures et), — quoi (avoir de), — quoique ça, — râcler le violon, — raillée (une étoffe), — raisons (avoir des), — rappeler d'un jugement, — rapport que, — rechanger (se), — regimber (se), — remettre quelqu'un, — rentourner (se), — renvois (avoir des), — ressauté, — ressauter, — rester, — rétablir, — retrousse (faire une), — réunir, — rincer du linge, — river les clous, — ruelle de veau, — sainte-mitouche, sainte-nitouche, — sans dessus dessous, — sans devant derrière, — sec et laid, — son quarante-neuf, etc., — sonnant (à dix heures), — sourd comme un pot, — sous votre respect, — souvent (il ne vient pas), — souvent (le plus), — se sucrer, — supérieurement vêtu, — sur la tête (dresser), — talent (apprendre un), — tannant, — tendre des embûches, — tic (prendre quelqu'un en), — toque de chou, — tout de même, — traverser un pont, — unir une chose et une autre, — va (comment vous)? — va y voir, — vert mignon, — vis-à-vis, — volée (donner une), — voyages de bois, de charbon, etc.

Confusion des paronymes.

Aéromètre, aréomètre, — affûles, effiles, — air, aire, ère, erre, — alevin, levain, — allocation, allocution, — amasser, ramasser, — amnistie, armistice, — anche, hanche, — âne, Anne, — Angola, Angora, — anoblir, ennoblir, — apurer, épurer, — aréole, auréole, — argot, ergot, ergo, — arpent, empan, — arquebusade, arquebuse, — auban, autan, auvent, haubans, — avant, devant, — aveuglement, aveuglément, — babine, babouine. — bailler, bâiller, — bâiller, bayer, — bailleur, bâilleur, — balai, balais, ballets, — bamboche, babouche, — bande, barde, — basilic, basilique, — bassine, bassinoire, — bête, bette, — bise, brise, — bleu, Dieu, — boire, emboire, — blocaille, rocaille, — bosseler, bossuer, — bouliche, bourriche, pouliche, — bourrée, brouée, — busc, busque, buste, — caféière, cafetière, — calfater, calfeutrer, — canaux, canots, — cane, canne, — capot, capote, — cartier, quartier, — catéchisme, catéchiste, — centaure, Stentor, — chaîne, chêne, — chair, chaire, cher, chère, — chambellan, chambrelan, — chasse, châsse, chas, — chaud, chaux, — chauffoir, chaufferette, — chœur, cœur, — chrême, crème, — clavelée, gravelée, — clef, claie, — coasser, croasser, — colorer, colorier, — comestible, combustible, — comptant, content, — conjecture, conjoncture, — consommer, consumer, — Corse, écorce, — cosse, Écosse, — cou-de-pied, coude-pied, coup de pied, — curer, écurer, — cymbales, timbales, — dada, dadais, — dameret, damoiseau, — débitant, débiteur, — débours, déboursés, — défaut de (à), au défaut de, — denier, dernier, — dépareiller, déparier, — dévisager, envisager, — dévoiement, dévouement, — douille, douve, — ébouler, s'écrouler, — écaille, écale, — écharde, écharpe, — échecs, jonchets, — écho, écot, — effraction, infraction, — égaler, égaliser, — embauchoir, embouchoir, — émersion, immersion, — éminent, imminent, — emplâtre, plâtre, — enforcir, renforcer, — enter, hanter, — enverger, enverguer, — envi (à l'), envie (à l'), — éruption, irruption, — escousse, secousse, — étang, étant, — évier, levier, — exaucer, exhausser, — fasolet, flageolet, — faute, une faute, — fer à cheval, fer de cheval, — flairer, fleurer, — flan, flanc, — flanquer, flaquer, — fleurs, flueurs, — fourché, fourchu, — froidir, refroidir, — Gamache, ganache, — garde (prendre) à *ou* de, — gastrique, gastrite, — geai, jais, — Gémeaux, jumeaux, — glissade, glissoire, — godron, goudron, — godronner, goudronner, — gradé, gradué, — grêle, grêlé, — gril, gris, — habileté, habilité, — haire, hère, — haricot, hochepot, — hérault, héros, — houe, houx, — hucher, jucher, — ibidem, idem, item, — imaginer, s'imaginer, — imposer, en imposer, — infecter, infester, — inventaire, éventaire, — jet, jeu, — juré, jury, — lacer, lasser, — landes, lentes, — l'Anguille, une anguille, les anguilles, — lecteur, liseur, — les, lez, des, — levain, alevin, — liais, lierre, — lieu, lieue, — ligneul, ligneux, — limon, timon, — linteau, liteau, — lit de camp, lit de sangle, — mal, malle, mâle, — mandille, mandrille, — marais, marée, — marée, mars, — médical, médicinal, — méfiance, défiance, — meulière, molière, molaire, — mort, Maure, — mousseux, moussu, — né, nez, — oiseleur, oiselier, — oiseux, oisif, — olographe, autographe, — ombre, hombre, — ombre, umble, — ombreux, ombragé, ombrageux, ombré, — orgelet, orgueilleux, — ostension, obtention, — ou, à, — oubli, oublie, — oublieur, oublieux, — oursin, ourson, — ouvrier, ouvrable, — palisser, palissader, — pantomime, pantomine, — parafe, pataraffe, — par ce que, parce que, — participer à, participer de, — passager, passant, — pâté, pâtée, — pater, patère, — pédale, pétale, —

peine, pêne, penne, — peinte, pinte, — pépie, pipée, — pied-bot, pied beau, — pied droit, pied de roi, — pince, pincettes, — pinçon, pinson, pensum, — plain, plein, — plaine, pleine, — platine, platine, — plier, ployer, — portion, potion, — posthume, apostume, — poudrier, poudrière, — près de, prêt à, — prix (au), auprès, — promenade, promenoir, — quand, quant, — quoique, quoi que, — racloir, racloire, — raiponse, réponse, — raisonner, résonner, — rameau, rat mort, — rayer, règles, — recouvrer, recouvrir, — réflexion, réfection, — remplissage, remplage, — rentraire, rentrer, — repartir, répartir, — résigner, résilier, — réticule, ridicule, — rien moins, rien de moins, — rognon, trognon, — rosat, rosé, — sablier, sablière, — sarment, serment, — saut, seau, sceau, — sauvage, sauvageon, sauvagin, — sceller, seller, — sceptique, septique, — scieur, sieur, — scolaire, scolastique, la scolastique, — semble (il), il me semble, — serein, serin, — sibylle, sébile, — soc, socle, socque, — somme, sommeil, — sommeiller, sommelier, — sonner du cor, donner du cor, — sonnet, sonnez, — souci, sourcil, — soufrer, souffrir, — sourd-muet, sourd-et-muet, — souscription, suscription, — spic, aspic, — stomacal, stomachique, — stras, strasse, — suie, suif, — suite (de), tout de suite, — sujétion, suggestion, — sur tout, surtout, — taie, test, têt, — tain, teint, thym, tins, — tan, tant, temps, t'en, tends, — tant qu'à moi, quant à moi, — tante, tente, tente (v.), — taon, thon, ton, ton (adj.), tond, — tapis, tapi, — tendons, tendrons, — tendresse, tendreté, — tenter, intenter, — tenu, ténu, — tien, tient, — tienne, tienne (v.), — tirant, tyran, — tonne, tonnelle, — topique, tropique, — tordre, mordre, — tour de main, tournemain, — tourné, retourner, — tout à coup, tout d'un coup, — travers (à), au travers, — treillage, triage, — tribu, tribut, — trop, trot, — urinal, urinoir, — usage, user, — vaguer, vaquer, — vain, vin, vingt, vint, — vaine, veine, — van, vent, vend, — vapeur (f.), vapeur (m.), — veilleuse, vielleuse, — vénéneux, venimeux, — ver, verre, vers, vert, vair, — ville (à la), en ville, — voie, vois, voix, — voir, voire, — voir goutte (ne), n'y voir goutte, — vole, volte, — zéphyr, zéphyre, — zest, zeste.

Solécismes.

A, *répété*, à, *pour* de, à rien faire, a tombé, — acabit (f.), âges (nos), — allé (je me suis en), — aller, *tr. dir.*, — assurer, — atmosphère, — auparavant, — avoir besoin, — besoin (avoir de), — bon marché (vendre, acheter), — brute ouvrage, — centime (une), — c'est à vous à, — chanvre (la), — chaque, — clair voie, — crainte, — cuiller (un), — de, — dedelà, — de le voir (je pense), — de vous ou de votre frère (lequel), — de rien (cela ne fait), — de six (la moitié de douze est), — de depuis, — de là d'où, — décombres (toutes les), — décrottoir (un), — dedans la maison, — défier à quelqu'un, — dehors le jardin, — dessous la table, —

dessus la tête, — devenir d'un endroit, — dinde (un), — dont *et* où, — éclairer quelqu'un, — esclandre (une), — Éminence (Votre) l'emporte sur les autres cardinaux, — emplâtre (une), — en, *dans plusieurs locutions*, — en *et* dont, — engager de, — érésipèle (une), — évangile (la première), — Excellence (Votre) est la première *ou* le premier des ministres, — excepté qu'il soit malade (il viendra), — fâché à vous, — filoselle (du), — fine (vous avez pris cette bille trop), — fois (une) pour tout, — goître (une), — grand, grande, — Grandeur (Votre) est la plus instruite *ou* le plus instruit de tous les évêques, — gravir une montagne, — guerre lasse (de), — heure (les une), — homme à talent, — inviter de faire, — jusqu'à aujourd'hui, — jusque midi, — jusque demain, — laideron (un), — légume (une), — leur, — Majesté (Votre), etc., — meilleur (plus), — midi (les), — minuit (les *ou* la), — moitié (la) de six est de trois, — observer à quelqu'un que, — ongle longue, — outre (en) de cela, — ouvrage. — pardonner quelqu'un, — pas vrai? — penser, *tr. dir.*, — pétale (une), — peut (cette salle) cent personnes, — plein (tout), — plus que cent francs, — possible que, — pour de, — pré (une), — profiter une chose, — quart (le) de huit est de deux, — que vous aurez besoin (ce), — que vous aviez dit (bien différent), — que vous écrivez (la plume), — se rappeler de, — rebours (à la), — réglisse (du), — remarquer à quelqu'un que, — rencontre (un), — rester, — rouge-gorge (une), — saigner au nez, — sandaraque (du), — sang (la), — santé (je vous souhaite une bonne), — savoir (on fait à), — sentinelle (un), — si en peine, — sonner la trompette, — sortir une chose, — subjonctif, — tâcher que, — tiers (le) de douze est de quatre, — toucher de l'orgue, — touté, — très-faim, très-raison, — trombone (une), — vrai? — y-moi, y-toi, y-nous, y-vous, etc.

Pléonasmes vicieux.

A *et* où, — à aujourd'hui, — ainsi par conséquent, — allumer de la lumière, — autant.... comme, — bornes et limites, — brillant éclat, — bûche de bois, — ça (comme), — cadavre inanimé, — car en effet, — comme, etc., — dépêchez-vous vite, — descendre en bas, — diable (comme le), — donc par conséquent, — dont *et* où, — écriture de main, écriture à la main, — en conclure de là, — forcé malgré lui, — gigot de mouton, — hémorragie de sang, — heure de temps, — heure d'horloge, — imiter l'exemple, — impossible de pouvoir, — jamais de la vie, — là, où, — le, la, les, — l'un l'autre (s'entr'aider), — meilleur (plus), — mon, ma, mes, — monter en haut, — mutuellement (s'entr'aider), — obéré de dettes, — or donc, — orageuse (tempête), — où, y, — parler et ne pas se taire, — peu (un petit), — pire (plus), — polémique (combat), — possible (cela peut être), — pour à l'égard de, — pour quant à, — prévoir d'avance, — puis ensuite, — quantième (quel)? — quelqu'un (un),

— rechef (de) en réitérant, — derechef pour la seconde fois, — réciproquement (s'entre-déchirer), — reculer en arrière, — rempli de beaucoup, — satisfaisant (assez), — seulement (n'avoir) qu'à...., — son, sa, ses, — suicider (se), — tête et vie, — ton, ta, tes, — tout (comme), — un, une, — vite (dépêchez-vous), — voilà ici, — voire (voyez), — voire même, — voyez voir, — y.

Équivoques.

Il, elle, — le, la, les, pronoms, — qui, que, dont, où, — les relatifs invariables (en, y, le), — son, sa, ses.

Paris. — Typographie Panckoucke, rue des Poitevins, 8 et 14.

www.ingramcontent.com/pod-product-compliance
Ingram Content Group UK Ltd.
Pitfield, Milton Keynes, MK11 3LW, UK
UKHW020331230726
13925UKWH00002B/733